军训实用读本

主　编　龚宗仁　许本洲
副主编　印胜山　陈福东
编　委（按姓氏笔画）
　　　　王玉琴　印　剑　印胜山　许本洲
　　　　刘　嵩　陈福东　吴万永　周　云
　　　　周晓妍　夏贤宝　龚宗仁

东南大学出版社
·南京·

图书在版编目(CIP)数据

军训实用读本/龚宗仁,许本洲主编. —南京:东南大学出版社,2010.8(2011.6重印)
 ISBN 978-7-5641-2366-6

Ⅰ.①军… Ⅱ.①龚…②许… Ⅲ.①军事训练—高等学校—教学参考资料 Ⅳ.①G641.8

中国版本图书馆 CIP 数据核字(2010)第 148371 号

军训实用读本

出版发行	东南大学出版社
出 版 人	江建中
网　　址	http://www.seupress.com
电子邮件	press@seupress.com
社　　址	南京市四牌楼 2 号
邮　　编	210096
电　　话	025-83793191(发行) 025-57711295(传真)
经　　销	全国新华书店
印　　刷	南京京新印刷厂
开　　本	787mm×1092mm 1/16
印　　张	7.5
字　　数	165 千字
版　　次	2010 年 8 月第 1 版
印　　次	2011 年 6 月第 2 次印刷
书　　号	ISBN 978-7-5641-2366-6
定　　价	18.00 元

本社图书若有印装质量问题,请直接与读者服务部联系。电话(传真):025-83792328

前　言

军训是根据《中华人民共和国兵役法》和《中共中央关于教育体制改革的决定》要求进行的,是学生接受国防教育的基本形式;是培养"四有"人才的一项重要措施;是培养和储备我军后备兵员,壮大国防力量的有效手段。

军训重在引导学生怎样做人,怎样吃苦耐劳,怎样迎接挑战,怎样把握自由与纪律的尺度;重在培养学生团结互助的作风,增强集体凝聚力与战斗力;重在提高学生生活自理能力,培养思想上的自强和自立,帮助学生养成严格自律的良好习惯。军训,是学生增长才干的机遇,也会对学生提出种种挑战。

在军训过程中,学生不但要领略军人们无私奉献的伟大精神以及不怕困难的崇高品质,也要发扬"同心协力,艰苦奋斗"的光荣传统;要坚持"铁一般"的纪律,严于律己,服从命令,坚决完成各项训练任务;还要有顽强的意志,要敢于吃苦、勇于拼搏,发扬"流血流汗不流泪,掉皮掉肉不掉队"的精神,圆满完成军训使命。

为了能提供一本适合高中生和职业院校学生阅读的军训读物,我们特地编写了这本《军训实用读本》,本书的特点主要体现在以下几个方面:

1. 编写体例新颖。本书体例经过了精心设计,各章节均安排了若干栏目,如军语点击、军人格言、心灵鸡汤等,这样的体例打破了以往类似的读物严肃性有余而生动性不足的缺点。

2. 知识性、趣味性、实用性相结合,体现育德功能。本书图文并茂,融知识性、趣味性、实用性于一体,力求让学生通过学习,掌握基本的军事知识,按规范开展军训,从而提高自身的综合素质,达到知、情、信、行的统一。

3. 坚持"三贴近"原则。本书在编写过程中,始终坚持贴近实际、贴近学生、贴近生活的原则,让学生在学习中收获,在实践中进步,在感悟中提高。

本书的编写者均由普通高级中学和职业院校的一线骨干教师组成。各章的编写者分别是:第一章、第五章:许本洲、陈福东、吴万永;第二章:夏贤宝、周晓妍、王玉琴;第三章:印胜山、周云、刘嵩;第四章:印剑;附录:周晓妍。全书由龚宗仁、许本洲统稿。

本书既可作为学生军训教材使用,也可当作学生的课外读物。因编者水平有限,书中难免有错漏之处,恳请各位读者批评指正。

编　者
2010 年 6 月

目　录

第一章　初识军训 ·· 1
　第一节　军训的依据和要求 ·· 1
　第二节　军训思想准备与心理调适 ·· 6
　第三节　军训生活常识与安全知识 ·· 11

第二章　军事常识学习 ·· 20
　第一节　军旗、军徽、军歌 ·· 20
　第二节　军史和现代国防 ··· 23
　第三节　军人称呼与举止 ··· 28
　第四节　拉练、行军、野营知识 ··· 29

第三章　军事技能训练 ·· 35
　第一节　徒手队列动作训练 ·· 35
　第二节　基础战术动作训练 ·· 55
　第三节　第一套军体拳训练 ·· 71
　第四节　阅兵 ·· 78

第四章　军训中的文体活动 ··· 82
　第一节　营造热烈向上的军训氛围 ·· 82
　第二节　教唱军旅歌曲 ··· 85
　第三节　军营拉歌 ··· 90
　第四节　优秀学员、先进连队以及内务评比 ······························· 93
　第五节　联谊活动 ··· 95

第五章　军训的收获 ··· 98
　第一节　军训日记 ··· 98
　第二节　学科训练成绩表 ··· 99
　第三节　军训总结 ··· 103

附　录 ·· 110

第一章 初识军训

第一节 军训的依据和要求

一、军训的基本依据

长期以来,党和政府十分重视在各级各类学校中开展以军训为主要形式的国防教育工作,并在许多法规文件中做出了明确的规定。《中国教育改革和发展纲要》明确指出,要"重视国防教育,增强国防观念。继续组织高等学校、中等专业学校和高级中学学生参加各种形式的军事训练。各级教育部门、军事部门和学校要统筹安排,认真组织实施"。

1984 年颁布的《中华人民共和国兵役法》明确规定:"高等学校的学生在就学期间,必须接受基本军事训练""高级中学和相当于高级中学的学校,配备军事教员,对学生实行军事训练""教育部门和军事部门设立学生军训的工作机构或配备专人,承办学生军事训练工作"。1995 年颁布的《中华人民共和国教育法》,明确指出:"国家在受教育者中进行爱国主义、集体主义、社会主义的教育,进行理想、道德、纪律、法制、国防和民族团结的教育"。1997 年颁布的《中华人民共和国国防法》规定:"各级各类学校应当设置适当的国防教育课程,或者在有关课程中增加国防教育的内容"。2001 年 6 月国务院办公厅、中央军委办公厅转发教育部、总参谋部、总政治部《关于在普通高等学校和高级中学开展学生军事训练工作的通知》又强调指出:学生军训工作"是全面贯彻党的教育方针,推进素质教育,培养有理想、有道德、有文化、有纪律的社会主义新人的客观要求,是为国防和军队建设培养造就大批高素质后备兵员的重要措施。""学生军训是普通高等学校本、专科学生的必修课,学校要纳入教学计划。""高级中学的学生军训,今后统一纳入社会实践课程进行。"也就是说,1985 年以来开展的军训工作无论其规模大小,都还属于试点性质。从 2001 年开始,学生军训走向制度化。为此,这个通知还对学生军训工作的指导思想和目的、规划和要求、工作机构、师资配备、军训工作的保障、组织领导等作出了具体的规定,成为今后一个时期指导学生军训工作的主要依据。

对学生进行军事训练是国家法律规定的任务。由此可见,在我国,学生的军事训练已经作为一项人人必须遵守的法律。

> 《中华人民共和国国防法》第七章第四十二条规定:"学校的国防教育是全民国防教育的基础。各级各类学校应当设置适当的国防教育课程,或者在有关课程中增加国防教育的内容。军事机关应当协助学校开展国防教育。"

(一)军训是强化国防后备力量建设的重要举措

加强学生军训工作,是强化新时期国防后备力量建设的重要举措。"平时少养兵,战时多出兵、出精兵",是现代国防和军队建设的基本原则和要求。为此,世界各国在重视和加强军队建设的同时,都非常重视国防后备力量建设,并把学生军训作为培养预备役军官和提高

后备兵员质量的重要途径。我国拥有庞大的学生资源,在大中学校有计划地组织大、中学生进行军事训练,使之掌握一定的军事知识和军事技能,有利于培养和储备起一支强大的国防后备军。

> **军语点击**
>
> **国防** 国家为防备和抵御侵略,制止武装颠覆,保卫国家的主权统一、领土完整和安全,而进行的军事及与军事有关的政治、经济、外交、科技、文化、教育等方面的建设和斗争。是国家生存与发展的安全保障。国家的社会制度和国家政策决定国防的性质。

(二) 军训是推动科技强军战略实施的实际步骤

加强学生军训工作,是推动科技强军战略实施的实际步骤。现代化的军队不仅要有先进的武器装备,更要有能够熟练掌握和驾驭高技术武器装备、具有现代科学文化知识的高素质兵员。军队要实施科技强军的战略,推进现代化建设进程,必须全面提升官兵的科学文化水平。而在校的学生,知识面宽、文化层次高,在校期间通过接受系统、正规的军事训练,有助于他们树立远大的革命理想,掌握必要的军事知识和军事技能,为毕业后加入预备役行列,成为较高质量的国防后备军打下扎实的基础。同时,越来越多的经过军训的学生进入军队,会对改善军队知识结构,提高军队整体素质起到促进作用。

(三) 军训是加速高素质人才成长的客观要求

加强学生军训工作,是坚持人民战争思想,加速高素质人才成长的客观要求。当今时代,军事科技与民用科技的相互融合,知识经济与知识军事的相互促进,不仅给新时期人民战争思想赋予了新的内容,也为经济建设人才向军队建设人才的快速转化拓展了新的空间。在学校开展军事训练工作,通过组织青少年学生进行军事训练,接受国防教育,使他们成为"文武双全"的合格人才,平时能为国家经济建设和国防建设服务,战时能为打赢高技术局部战争尽力。

二、军训的基本内容和要求

(一) 学生军训一般安排五大项内容

(1) 政治教育,包括:解放军优良传统教育;时事政治教育;党团组织生活。
(2) 三大条令教育,包括:三大条令简介;单个军人队列动作;分队队列动作;军体拳;阅兵式与分列式。
(3) 轻武器射击,包括:轻武器常识;简易射击原理与操枪训练;射击动作;实弹射击。
(4) 战术,包括:单兵战术动作;班、组战术;连、排战术原则。
(5) 综合拉练,包括:行军;野营。

> **课后梅了** 因病或特殊情况不能参加军训的怎样办理免训或缓训?办理免训和缓训事宜,一般由各学校教导处负责。因病或某种特殊原因不能参加军训又不能安排补训的学生,必须有校医(或校指定医院)的证明,取得充分的证明材料,经所在学校的主管领导批准,报教导处审核同意方可免训。学生因病或其他原因不能随本年级军训,需要缓训者,批准办法同上。缓训的学生要确保随下届生训练,一般不安排随隔届生训练。对既无充分的证明材料,又没有按规定的时间参训的学生,由学校研究给予纪律处分。

各学校根据客观条件及时间,经上级主管部门同意后可适当调整训练内容。

(二)军训期间一日生活制度主要内容

军训期间的一日生活制度主要包括:

(1)起床:听到起床号后,应立即起床,按规定着装,迅速做好出操准备,各级值班、值日人员按规定履行职责;每班留班值日一名(由学生轮流担任),负责打扫室内外卫生;因集体活动超过熄灯时间一小时以上时,军训团首长可确定推迟次日起床时间。

(2)早操:早操时间通常30分钟。听到出操号(哨)后,全体参训人员应迅速以连为单位集合,按规定内容和要求出操;听到收操号(哨)后,连值班员应立即整队,跑步带回。

军语点击

后备力量 国家经过动员后所有可以直接参加和支援战争的人力。主要包括预备役部队、民兵和其他服预备役的人员以及经过军事训练的大中学校学生。

(3)整理内务和洗漱:早操后,开始整理内务和洗漱;以连为单位每周进行两次内务卫生、军容风纪和个人卫生检查,并进行评比。

(4)开饭:按规定时间开饭。班值日员提前10分钟集合到饭堂为本班打饭分菜。班长(或副班长)将本班人员带入连集合点,以连为单位,整队前往食堂;到食堂门前,由连(总)值班员宣布次序,依次进入食堂;进入食堂后,要遵守食堂的有关规定,就餐时保持肃静,餐毕后要认真消洗餐具,自行离开食堂;饭后,厨房值日员协同炊事班对全部餐具进行消毒处理。

班值日收拾餐桌

要一尘不染

(5)操课:听到操课号(哨)后,连值班员应迅速集合连队并清点人数,检查着装和器材准备。操课时要认真听讲,精心操作,遵守训练场纪律,严防各种事故的发生;操课往返途中,要队列整齐,歌声嘹亮。

(6)午休(午睡):午睡时间除值勤人员外,均应卧床休息,保持肃静。不得进行影响他人休息的活动,更不得私自外出;午睡起床后,应迅速整理内务,做好课前准备。

(7)就寝:连值班员在熄灯号(哨)前10分钟发出准备就寝的信号,全体人员应迅速做好就寝准备;听到熄灯号(哨)后,应立即熄灯就寝;熄灯后,室内不准讲话、吸烟或听收录音机,不准自设小灯看杂志、小说等书籍。

(8)警卫哨:警卫哨兵由学生轮流担任。由连值班员督促检查哨兵上岗。换岗时,每班由1名哨兵提前10分钟叫下一班岗起床换哨;警卫哨兵在值勤时间禁止脱岗、串哨聊天、开玩笑,禁止看书、写信、听收音机。

(9) 室内外卫生制度:每周一般安排两个早操时间打扫环境卫生。打扫环境卫生时,室内留少部分人整理室内卫生;每日早操后对室内卫生进行整理;操课时,以连为单位留1名值日员。厕所、洗漱间卫生由各班轮流打扫,军训连、团定时检查。

(10) 请假:军训期间,学员因公需要外出或因故不能参加训练,必须逐级请假,严禁私自外出或无故旷课。学员因病不能参加训练应持医务人员开具的请假证明向军训连、团首长请假。

(11) 集会:凡在集中军训期间的各种集体活动和集会必须在军训团首长批准后进行;参训学员不得私自在部队、军训基地进行各种集体活动和集会(如生日聚会、舞会、沙龙等)。

(12) 课外活动:连每周有2个左右课外活动时间由个人支配,但不得随意外出。其余课外活动时间由连(团)统一安排。

(13) 晚点名:连通常每周点名2~3次,星期日和节假日必须点名。晚点名通常以连为单位于就寝前在室外列队进行,时间不超过15分钟。晚点名的内容包括清点人数、一日生活、训练讲评、宣布次日训练安排。

> **军语点击**
>
> **国防教育** 国家为巩固和加强国防而对公民进行的普及性教育。主要包括国防思想、军事知识等方面的教育。目的是使公民增强国防观念,掌握国防知识和必要的军事技能,发扬爱国主义精神,自觉履行国防义务。

(三)军训期间的军容风纪要求

军容风纪检查

军容严整、整齐划一是军队的优良传统之一。参加军训的学生也必须按照军队军容风纪的要求,做到:

(1) 军训期间必须统一着装。操课和大型集会时着军训服装;开饭、连集会、点名、室内教育、课外活动时,可下着军裤、上着衬衣(文化衫);节假日或团规定的换洗衣服时间,可着便服;出宿舍门不准穿高跟鞋和拖鞋,不准只穿大裤衩、小背心。

(2) 男学生不准留长发、大鬓角,不准留胡须。女学生不准戴耳环、项链,不准描眉、涂口红。

(3) 要举止端正、姿态良好。不准袖手、背手和手插衣袋。行走时不准吃东西或搭肩挽臂。

(4) 对不符合军容风纪的同学要当场纠正,学生要服从纠正,立即改正,不得无理取闹。

（四）军训的基本要求

（1）服从领导，一切行动听指挥。

（2）勇敢顽强，吃苦耐劳，积极参加军政训练，不断提高军政素质。

（3）执行军队条令条例、规章制度，服从管理、严守纪律。

（4）认真执行各项勤务，尽职尽责，坚守岗位。

（5）艰苦奋斗，勤俭节约，爱护公物。不丢失、损坏装备器材，不在建筑物和各种设施上涂写刻画。

（6）讲文明礼貌，尊重领导、老师和教练员，团结互助，爱护集体荣誉。

（7）严格遵守保密守则和安全规定，防止各种事故的发生。

（8）讲究卫生，不随地吐痰，不乱扔瓜果皮核、纸屑等，保持室内外清洁。

（五）军训的"三统一"

根据教育部国防办[1996]1号文件、[1998]1号文件的规定，学生军训必须实行"三统一"，即着装统一，佩徽标志统一（领花、帽徽、肩牌、臂章）、证书统一。因此，军训时必须着由上级指定厂家、学校统一订购的学生军训服装、标志、证书。其中全套服装包括迷彩服（或夏常服）、衬衣（或文化衫）、腰带、胶鞋、帽子、背包绳带、标志、证书。学生领到服装后，没有指令不得随意穿戴，以免军训展开时新旧不一致。学生个人对服装物品要妥善保管，防止丢失损坏。

军语点击

领土 主权国家所及的全部疆域。包括国家的领陆、领空、领水以及领陆与领水的底土。领土是构成国家的基本要素之一，是国家行使主权的地理空间及其人民赖以生存和发展的客观环境。

（六）参加军训应携带的个人物品

军训时，个人物品携带要注意"统一、一致、少而精"。基本要求是：褥子、被子、褥单、蚊帐、枕头、枕巾、脸盆、牙缸、牙刷及洗漱用具、水壶、水杯、碗筷、雨具、物品包（箱）各1件（条），暖瓶（2~3人带1个），替换的便衣、内衣、鞋袜少量，发放的全部军训服装、标志及其他用品。如果以上物资是学校统一购置配备的，必须按统一要求携带，不得携用其他款式。

军训依据与目的

1.《中华人民共和国宪法》（摘抄）

第五十五条 保卫祖国、抵抗侵略是中华人民共和国每一个公民的神圣职责。

依照法律服兵役和参加民兵组织是中华人民共和国公民的光荣义务。

2.《中华人民共和国兵役法》（摘抄）

第四十三条 高等院校的学生在就学期间，必须接受基本军事训练。

根据国防建设的需要，对适合担任军官职务的学生，再进行短期集中训练，考核合格的，经军事机关批准，服军官预备役。

第四十四条 高等院校设军事训练机构，配备军事教官，组织实施学生的军事训练。

3.《中华人民共和国国防法》（摘抄）

第四十条 国家通过开展国防教育，使公民增强国防观念、掌握国防知识、发扬爱国主义精神，自觉履行国防义务。

普及和加强国防教育是全社会的共同责任。

第四十二条 国务院、中央军事委员会和省、自治区、直辖市人民政府以及有关军事机关,应当采取措施,加强国防教育工作。

各级各类学校应当设置适当的国防教育课程,或者在有关课程中增加国防教育内容。军事机关应当协助学校开展国防教育。

4.《中华人民共和国国防教育法》(摘抄)

第十三条 学校国防教育是全民国防教育的基础,是实施素质教育的重要内容。

教育行政部门应当将国防教育列入工作计划,加强对学校国防教育的组织、指导和监督,并对学校国防教育工作定期进行考核。

第十五条 高等学校、高级中学和相当于高级中学的学校应当将课堂教学与军事训练相结合,对学生进行国防教育。

高等学校应当设置适当的国防教育课程,高级中学和相当于高级中学的学校应当在有关课程中安排专门的国防教育内容,并可以在学生中开展形式多样的国防教育活动。

第十六条 学校应当将国防教育列入学校的工作和教学计划,采取有效措施,保证国防教育的质量和效果。

学校组织军事训练活动,应当采取措施,加强安全保障。

5. 国家行政机关的有关规定(摘抄)

中华人民共和国国务院办公厅、中央军委办公厅国办发[2001]48号文件规定,全国学生军训工作应有计划、分步骤地开展。从2001年起,各地要将未开展学生军训工作的普通高等学校和高级中学列入学生军训规划,统筹安排,逐步开展学生军训工作……在2005年前按要求开展学生军训。

6. 教育部、总参谋部、总政治部印发的《普通高等学校军事课教学大纲》(教体艺[2002]7号)(摘抄)

第三条 军事课(含军事理论教学和军事技能训练)列入学校的教学计划,成绩记入学生档案,按照《大纲》组织实施军事课教学,严格考勤考核制度。

第五条 军事技能训练时间为2~3周,实际训练时间不得少于14天。在组织军事技能训练时,要以中国人民解放军的条令、条例为依据,严格训练,严格要求,培养学生良好的军事素质。

军语点击

领陆 主权国家疆界以内的全部陆地及其底土,包括大陆和岛屿,是国家领土的基本组成部分。

第二节 军训思想准备与心理调适

一、军训的思想准备

军训是教育部门为了锻炼学生的意志,培养学生的集体意识,提高学生的交往能力和尽快适应新环境等而制订的针对新入学学生的教育活动。不少同学却表现出无所谓的态度,

更多的是把军训当成是一个任务来完成,而不是当成一个机会来把握,甚至出现一些心理偏差和行为偏差。说明这些学生没有在军训前做好准备!

> 军训中,我们要接触许多陌生的人和事,要处理许多突发的事件,要学会许多课堂外的知识,最重要的是我们要开始适应新的集体,如果我们没有在心理上做好准备,没有做好树立集体观念、提高交往能力和培养耐挫能力等心理准备,在军训中处处被动,最后会影响到个人的健康成长。

那么,军训要做好哪些准备呢?物质上的准备当然免不了,但更重要的是心理上的准备。概括起来可能有这样五个方面:

(一) 做好军训是树立集体观念的心理准备

中国人民解放军被我们誉为"钢铁长城"是因为他们强烈的集体意识,"我是集体的一员"的思想深入心底,所以才会攻无不克、战无不胜。同学们参加军训都是以班级为单位的,所以一定要确立个人荣辱与集体息息相关的思想,利用军训的机会,积极树立集体观念。

(二) 做好军训是提高交往能力的心理准备

面对陌生的同学、教师和教官,如何交往是一个大家关心的问题,我们不能顺其自然或冷漠对待,应该采取积极主动的态度,创造机会与大家交往,尽快融入集体中。这是提高我们交往能力的好时机,当然事前要做好这方面的心理准备,被动承受只会产生消极的情绪。

(三) 做好军训是培养耐挫能力的心理准备

军事训练和体育课肯定是有区别的,所以许多的要求做不到位是正常的,不必因此而忧心忡忡,当然也不要因此而产生抵触的情绪。面对挫折,我们要积极应对,既要调整好自己的情绪,更要寻求正确的方法来解决已经发生的问题,这样,我们的耐挫力才会得到培养。

(四) 做好军训是适应新环境的心理准备

对于新入学的同学来说,军训是适应新环境的大好机会,可以通过军训,熟悉同学和老师,这样可以在正式入学后摆脱新环境给自己带来的陌生感,以最好的状态投入新的学习中。

(五) 做好军训是磨炼个体意志的心理准备

军训是艰苦的,而个体的意志也正是在艰苦的环境中磨炼出来的。所以同学们不要把军训当成是一次快乐的旅游,而应该做好吃苦的心理准备。

军语点击

领空 主权国家领陆和领水上空的空气空间,是国家领土的组成部分。

二、军训中的心理调适

(一) 积极解除军训中怕苦怕累的思想包袱

面对单调、紧张的军训生活,很多同学可能会产生一些怕苦怕累的思想包袱。那么,怎样才能克服这种思想顾虑呢?

1. 格言激励

孟子曰:"天将降大任于斯人也,必先苦其心智,劳其筋骨,饿其体肤,空乏其身,行弗乱其所为,所以动心忍性,增益其所不能"。就是说,要想成就大事业,必须经过艰苦的考验。苦累可以磨炼人。随着生活水平的提高,人们对艰难时期已经很少经历,通过军训经受艰苦生活的锻炼,将是人生的一种收获。你可以收集一些类似的格言,当"苦"向你袭来的时候就认真想想它,它将给你无限的安慰和无穷的勇气。

2. 借助他人

怕苦怕累是思想不成熟的表现,也是心理脆弱的反映。生活告诉我们,当苦难向你压下来的时候,一个人是很难承受的,但是,当别人向你伸来援助之手,或当你有了学习的榜样、参照的对象的时候,就会焕发出战胜困难的勇气。所以,在军训中,当你感到自己快要挺不住的时候,你可以看看年龄和自己相仿的教官,想想他们转变为一名合格军人所吃的苦,你也可以看看与自己一起军训的其他同学的表现,然后问问自己:"他们都能挺过来,我为什么就不行呢?"这样,你就会增强战胜苦累的信心和勇气。你还可以暗中与同学展开竞赛,比一比谁能够做到"流汗流血不流泪,掉皮掉肉不掉队";或者与几个要好的同学组成"互助小组",在困难的时候,大家互相激励、互相帮助,共同战胜困难,完成军训任务。

3. 苦中找乐

苦与乐是一对孪生兄弟,"乐"其实就隐藏在"苦"的背后。因此,要想度过艰苦的军训生活,就要学会苦中求乐。比如训练间隙,如果只是静静地坐一下或躺一下,有时不但不能解除疲劳和缓解苦痛,反而还会加剧。真正会休息的人是采取积极的休息方法,比如唱唱歌、与同学们聊聊天、和教官谈谈训练心得、做点有趣的小游戏等等,让自己的内心笑一笑,缓解一下紧张的情绪。这些小办法会让你把"苦"字丢在脑后,让一种满足感、欣慰感和快乐感涌上心头。

(二) 克服军训中的自卑感

所谓自卑感,是人们轻视自己,自认为无法赶上别人的一种心理状态。军训中的自卑心理主要是由于生理、心理等原因造成训练成绩不如别人而产生的心理负担。在此提供几条驱逐自卑感的秘诀。

1. 与自己纵向比坚定信心

常言道:"人比人,气死人"。把和别人比的心劲用在和自己比上是一个明智的做法。您可以建立一个"军训记录本",把自己的训练成绩和心理收获等,不管成果大小、收获多少,凡自己认为成功的事都列出来,这时你就会有一种"今日之我胜于昨日之我"的进步感。

2. 辩证地看待自己的优缺点

寸有所长,尺有所短,任何人都有缺点,那种耗费精力去掩饰的人是愚蠢的。如一个人身材矮小,这是不易隐瞒的,而他也有优势的一面,如在社交活动中,身材矮小的人与身材高大者相比,前者更易和生人接触,更易使对方产生亲近感。总之,化弱点为优点是很重要的。

3. 注意发现和张扬自己的长处并自信地说出来

每个人都有自己的独到之处,所谓成功者,往往是那些不断致力于将自己的长处扩展到极限的人。发现自己的优点,张扬自己的长处,可以帮助自己恢复信心。同时,在成功之后要大声地说出来:"我成功了!"实践证明,说出声来与默想的效果是大不一样的。

4. 给自己下命令

大家都知道"背水一战"这个典故。人在绝境时,往往能够产生超乎想象的能量。军训中,要善于根据自己的情况,制定出阶段性的目标计划,然后对自己下达严厉的命令,在绝境中实现目标。随着目标一个一个地实现,你会发现自卑在一点一点地消退,信心在一步一步地建立。

5. 切莫展现自己的伤口

世上没有常胜的将军,对于失败或苦难紧抱不放,无异于慢性自杀。正确的做法是总结失败的原因,然后忘掉失败,眼睛只向前看。

6. 向"明白人"吐露内心的郁闷

通过向亲密的朋友或军训教官吐露心事,能够取得以下收获:心里的郁闷可以释解;心里混淆不清的问题得以梳理;原以为重要无比的事,可能会让你觉得"不过如此",原以为不大的事,竟是关键所在。以倾吐为开端,找出解决问题的对策。

7. 笑出声来

自卑感占据一个人的大部分情绪时,笑容必少,即使想笑,也会变成无声的"苦笑"。如此的笑,难以引起别人的共鸣,有时还会使他人产生错觉。因此,务必使自己笑出声来。发出声音不仅是为了让别人听见和注意,同时它也是在"向自己呼唤"。

军语点击

领海 沿海国陆地领土及其内水以外相邻接的一定宽度的海域。其范围为领海基线至领海线之间的海域。国家主权及于领海的海床、底土、水覆水域及其上空。

(三) 改正军训中的粗话

一个人一旦沾上了讲粗话的习惯,往往是出口不雅,自己还不知道。军训中讲粗话,不仅影响他人的情绪,也影响整体的团结与协作。俗话说,习惯成自然。讲粗话也是如此。习惯是长期条件反射累积和加强的结果,因此,要改变讲粗话的习惯,就需要中止原有的条件反射,努力建立新的语言习惯。

1. 要认识讲粗话是一种坏习惯,是不文明的表现,从思想上强化克服这种习惯的动机。实践表明,动机越强烈,行动的决心越大,效果一般也越明显。

2. 找出出现频率最高的粗话,集中力量首先改掉它。可以通过改变讲话频率、每句话末停顿一下、讲话前提醒自己等办法,改变原有的条件反射。出现频率最高的粗话改掉了,其他粗话的克服也就不难了。

3. 要学会控制激动情绪。有人统计过,情绪激动时,粗话频率较高。当遇到这种情况时,要先默数10声数,然后再说话。实践证明,这个办法不仅能够冷静情绪,理智地解决问题,也能有效地减少粗话。

4. 要有实事求是的思想准备。习惯的形成不是一朝一夕的事情,它的克服当然也要积以时日,不大可能在一两天内把长久以来形成的习惯迅速改掉。有时讲话中仍然漏出几句粗话,也是在所难免的。对此,要有实事求是的思想准备。如果一下子要求把所有粗话统统改掉,反而会因难以办到而感到失望,影响克服讲粗话习惯的信心。

5. 请别人督促。由于有时自己讲了粗话不知道,请别人督促就能起到提醒、检查的作用。督促还有另一层心理意义:造成一种不利于原有条件反射自然发生的外界气氛,以促进旧习惯的终止。当然,这里的别人最好是了解自己的人、军训教官或同班同学,这样督促起来可以直截了当。

(四) 克服军训产生的心理压力

军训当中产生的心理压力,主要指青年学生从较为自由松散的环境,一下子进入严格紧张的军事训练中所产生的生理及心理的不适应感。克服心理压力的方法有多种多样。

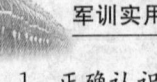军训实用读本

1. 正确认识

为什么军训会使你产生心理压力呢？那是因为你以前松散惯了，现在有一套法规和纪律约束，就如同戴上紧箍咒的孙悟空，浑身不习惯、不适应、不舒服，这是很正常的。适应军训需要有一个过程。随着军训过程的延续，大家就会由不习惯到习惯、由不适应到适应，心理压力就会逐步减弱。

2. 树立信心

要时刻有这样的心理暗示：别人能承受的，我也能承受；别人不能承受的，我还能承受。请你相信心理暗示的作用，它让你获得心理成熟的同时，也让你体验着战胜压力的快感。

3. 主动出击

军训之前，必须做好心理准备。可以向参加过军训的同学或朋友了解军训的有关事项，对可能遇到的困难做到心中有数，并找出应对的办法。这样，进入角色就会快一些。军训中，你自己先要对自己严格要求。一般来说，别人要求你办的事，总觉得严，而自己要求自己办的事再严也不觉得。所以，如果你对自己的要求比教官还严，反而会觉得教官的要求"松"了。

4. 适当宣泄

一定的心理压力，可以产生工作和学习的动力。但是，如果压力过重，又找不到适当的宣泄途径，就会导致心理疾病或心理障碍。因此，在紧张的军训中，适当地宣泄压力是很有必要的。你可找好朋友聊聊天，也可以找教官谈谈心，甚至可以找一个空旷无人的地方大喊大叫。你还要积极参加各项活动，并争取充当主要角色。这些方法对缓解心理压力是大有益处的。

5. 容忍挫折

挫折并不要紧，重要的是你对挫折的反应。在许多时候，人们的挫折感来源于对"完美"的追求。要知道，这个世界并不十全十美，你犯不着为一些小失误斤斤计较，过分自责。

军语点击

海疆 国家所属和管辖的海域的统称，包括领海及毗连区、专属经济区及大陆架等。

（五）正确对待批评和表扬

军训中受到组织、教官和同学的批评或表扬（奖励）是很正常的事情。但是，如果认识不到位、处置不得当，事情就会向错误的方向发展。正确的做法应该是：

1. 心态平和

要认识到，批评和表扬是一件很正常的事情，并不说明你比别人差多少，也说明不了自己比别人高明。关键是要明白为什么受表扬？因什么事情受到的批评？从而知对错、明是非。

2. 谦虚谨慎

受到了表扬切不可沾沾自喜，更不能目中无人。任何表扬（奖励）都是相对的，是对已经过去了的成绩（不管成绩是大是小）的肯定。需要牢记的是，每个人都有各自的长处，所以，要多看到别人的长处，把表扬（奖励）当作前进的起点，做到不骄傲、不自满，百尺竿头，更进一步。

3. 认真检讨

受到批评的时候,首先要认真听取,自我反思。对于批评要虚心接受,勇于承认,并认真检讨,及时纠正,切不可自暴自弃,一蹶不振。要善于从错误中接受教训,重新振作精神,争取创造出新的成绩。

4. 无则加勉

对于领导或教官错误的批评,应当事后诚恳地解释清楚,消除误会,切忌当面顶撞,或强词夺理,这既是军训纪律不允许的,也是衡量一个人成熟与否的重要标志。在批评错了的时候,要能宽以待人,切忌得理不让人。即使批评的有出入,或者完全是误会,除作必要的解释等,也应联系自己的实际进行主动的反思,并从中接受教益,做到有则改之,无则加勉。

> **军语点击**
>
> **国界** 国家领土的地理空间范围的界限。包括陆地国界(有时亦称边界)线、领海线及其上下垂直面所及的大气空间和底土的界限。国界决定一个国家的存在空间,限定其行使领土主权的范围,具有相对稳定性、确定性和不可侵犯性。

第三节　军训生活常识与安全知识

一、军训生活常识

(一)选择适体的军服

穿上一身适体的军装,会使你朝气蓬勃、英姿飒爽;如果军装过大或过小,则会让人感到邋邋遢遢,别别扭扭。所以,为自己选择一套适体的军服,关键在于了解衣、帽、鞋的型号与人体之间的关系。

> 首先要学会和掌握测体的方法:
>
> 1. 测身高:被测人员脱鞋,立正,背靠标尺;测量人员站在被测人员右角,右手拿三角板,使其一直角边紧靠标尺,另一直角边落于头顶最高处,读取标尺刻度,精确至厘米(四舍五入)。
>
> 2. 量胸围:被测人员穿衬衣或棉毛衫,自然直立,臂下垂,正常呼吸;测量人员在被测人员右侧,食指、拇指捏皮尺首端,在腋下贴身围量一周,松紧度以稍用力皮尺可以滑动自如为宜。精确至厘米(四舍五入),不另加放尺寸。
>
> 其次,要知道定号、定型顺序:
>
> 先测量身高定号;再测量胸围定型。即在已经确定的号中,查出与实际测得的胸围相对应的型号。需要注意的是,五号五型系列包括夏常服、毛料冬常服、礼服、将校官大衣、制式衬衣、带色衬衣;五号三型系列包括尉官、士官、士兵冬常服、大衣、棉衣、绒衣、作训服(迷彩服)(见附表)。鞋帽的号型确定,是先测量脚长、头围,然后跟表上相应的号型比较。
>
> 需要提醒大家的是,选择迷彩服要稍宽松一点,这样在训练中会更方便、更舒适一些。

男军人作训服

号型规定 单位:cm

号 别	体 高	型 别	胸 围
1	160～165	一 二 三	76～86 86～96 96～102
2	165～170	一 二 三	78～88 88～98 98～104
3	170～175	一 二 三	80～90 90～100 100～106
4	175～180	一 二 三	82～92 92～102 102～108
5	180～185	一 二 三	84～94 94～104 104～110

女军人作训服

号型规定 单位:cm

号 别	体 高	型 别	胸 围
1	148～153	一 二	68～78 78～88
2	153～158	一 二	70～80 80～90
3	158～163	一 二	72～82 82～92
4	163～168	一 二	74～84 84～94
5	168～173	一 二	76～86 86～96

常、礼服号型和作训服号型的型别对应关系表

类 型	型 别				
常、礼服号型	一	二	三	四	五
作训服号型	一		二		三

第一章 初识军训

丰满指数、体型、军服型别的关系表

丰满指数	体型类别	军服型号
0.15	瘦体型	一型
0.16	微瘦体型	二型
0.17	标准体型	三型
0.18	微胖体型	四型
0.19	胖体型	五型

军鞋号的设置及中间鞋号

类 别	军鞋号的设置及中间鞋号	
	常用鞋号	中间鞋号
男军鞋	23~28	25.5
女军鞋	22~25.5	23.5

军帽号码规定   单位：cm

87号码	1	2	3	4	5	6	7
原号码	6	5	4	3	2	1	特号
头 围	54~55	55~56	56~57	57~58	58~59	59~60	60~61

（二）新军服要先洗后穿

有的同学领回崭新的军服便兴冲冲地穿上，可是过了两天便出现过敏反应，轻的皮肤发红、有刺痒的感觉，重的会有皮疹出现。原来新军服在制作过程中，为了结实、美观及作战需要，常常使用了多种多样的化学添加剂。这些化学物质均会对人的皮肤有刺激作用，尤其是皮肤过敏的人，化学物质的刺激作用更明显。为防止服装中的化学物质对皮肤的伤害，在领回新服装之后，应先用清水漂洗一遍。这样不仅可以消除服装材料上残留的大部分化学物质，而且也使衣服柔软舒适，减少对皮肤的摩擦和不适感。

同时，衣服被汗水或雨水打湿后要及时更换。淋了雨、出了汗，湿衣服贴在皮肤上，使人感到凉，或者觉得痒，很不好受。湿衣服紧贴皮肤，人体热量的散发就会加快，容易着凉、生病。轻者腹泻，重的感冒、发烧。因此，湿衣服应及时换下来，有利于身体健康。

> **军语点击**
>
> **学生军训**　地方高等院校和高级中学的在校学生，依据国家兵役法的有关规定，接受军事基础理论教育和基本军事技能训练的活动。

（三）保持鞋袜清洁卫生

解放鞋是由胶底布帮压制而成的。胶底的主要原料是橡胶，它的特点是有韧性和弹性，耐磨性强，缺点是透气性能差，不易吸水，所以穿解放鞋时，应特别注意卫生。第一，经常保持脚的清洁，常洗脚，尤其在训练之后，要把脚洗干净。如果脚汗多，可用20%乌洛托品溶液涂擦，每日2~3次。也可用明矾水或食盐水泡脚，每日1~2次，每次10分钟；如长有脚癣，简单的方法是在患处涂搽脚癣药水或脚气灵药膏。第二，经常保持解放鞋的清洁，沾上污物要及时洗刷,但不要用热水、肥皂和硬刷子去洗刷,以防胶底变质损坏。洗净后,放在阴凉通风处晾干。平时脱下的解放鞋也应放在干燥通风的地方。第三,解放鞋内最好放上棉布鞋垫,既透气吸水,又好洗晒,还能延缓胶底的"老化"。

要使袜子无臭味,就得常洗脚,保持脚的清洁干净。如是汗脚,就应进行治疗。汗脚不仅使脚有臭味,而且行军时易起泡,寒冷的季节还爱生冻疮。同时,袜子要常洗、常换、常晒,保持干燥、清洁。

(四) 饭后不宜马上训练

饭后胃肠要加紧工作消化食物,吸收营养。此时,血液大量聚集到胃肠。人体内的血是恒量的,输入胃肠的血液量增多,输入其他器官、组织的血就会减少。人们吃完饭后,感到困乏无力、昏昏欲睡,就是这个道理。如果饭后立即进行剧烈的体力活动,人体就不得不从胃肠抽调一部分血液去供给全身肌肉活动的需要,使胃肠的血液量相对减少,消化功能降低,久而久之,可能引起消化道疾病。所以,饭后不宜马上进行剧烈运动。

(五) 训练后不宜大量喝水

训练后喝水过多,大量的水经胃肠道吸收后,一部分变成汗液又排出体外,随汗液排出的是大量的盐分,使人体内的水盐比例失去平衡,反而觉得更渴;导致再喝水,再出汗,随汗液再排出大量盐分,造成恶性循环,使人体的水盐比例进一步失调,人感到无力,甚至发生水肿,严重影响身体健康。同时,过多的水分进入血液,使心脏的负担加重,人会感觉头晕、周身不适。另外,在军事训练时,活动量大,全身肌肉需要大量的营养物质和氧气,这些营养物质和氧气必须由血液来运输,大部分血液就会集中到肌肉里,胃肠等消化道里的血液减少,消化功能减弱,此时再大量饮水,会加重胃肠的负担。而大量的水积存在肠胃内,人会感到发胀、难受,进一步影响消化道的功能,甚至会得消化道疾病。训练后感到口渴,有时是因为张嘴呼吸时口腔粘膜干燥引起的。因此,训练完毕应该先用水漱口,湿润一下口腔粘膜,干渴会得到缓解;再稍稍休息一会,然后再喝些淡盐开水,但一次不要喝得过多,这样对身体健康就没有什么影响了。

> **军语点击**
>
> **共同科目训练** 军人均需进行的基础军事课目的训练,主要内容包括共同条令、军事体育、卫生与防护、军事基本知识等。

(六) 选择合适的防晒霜

如果军训时需要进行长时间户外活动,可以选择SPF值在25以上的防晒霜,同时含有防护UVA功能的比较好,如有PA的字样。由于军训时会大量出汗,降低防晒霜的效果,因此最好是选用防水型防晒霜。选择SPF 15的防晒霜也可以,但需要每2个小时用一次。防晒霜应该在军训前20至30分钟用。为了减少对皮肤的刺激,同时增强皮肤抗黑能力,应该先涂一层含有维生素C、维生素E的润肤露,再搽防晒霜。每天回来以后应首先彻底清洁皮肤,可以适当用冷水敷皮肤10分钟,局部涂富含果酸、维生素、桑葚精华等抗氧化成分的修复霜,这样对于皮肤健康很有好处。

(七) 行军后脚泡的治疗

第一种,热水洗脚后,用碘酒、红汞或酒精消毒脚泡,再用经过消毒的针将脚泡刺破,然后用马尾或头发顺泡底穿过,使里面的液体流出,再消毒皮肤。注意不要把脚泡上的皮

剪掉。

第二种,脚泡经烫洗消毒后,用消过毒的针刺破,排出液体,再涂皮肤消毒药,防止感染。也可将脚泡经消毒后,用烧红的粗针,穿刺泡底,排干液体,不用引流也可以。

第三种,在宿营休息时,在脚泡外部涂抹煤油,或将面粉加水拌成糊状涂在脚泡上,次日起床后,将面块取掉,脚泡自消。第二、第三种方法适用于小脚泡。

(八)消除训练后的疲劳

第一,训练结束要做整理活动。训练完毕不要突然停下来休息,要做些小运动量的活动,使身体从紧张的运动状态逐步过渡到安静状态,这样可以改善血液循环,减轻肌肉酸痛,加快消除疲劳,防止出现头晕恶心、呕吐、心慌等反应。

第二,按摩。在作整理活动之后,对某些用力的肌肉群可以进行按摩。按摩可以自己做,比如对腿部、腰部肌肉可以来回按摩几分钟到半小时。背部肌肉自己不便按摩,可以同学之间互相按摩,这样能很快消除疲劳。

第三,洗温水澡。如果有条件,军事训练后最好洗个温水澡。这样可以加速血液循环和新陈代谢,顺利排出体内积存的废物,尽快消除疲劳。但是,在大汗淋漓时不要洗冷水澡。

第四,睡觉前用热水泡脚。临睡前只要条件允许,一定要用热水泡泡脚,加速下肢的血液循环;睡觉时把脚垫得高一些,大约和头同高。这样,不仅能促进血液回流,而且能睡得好,有利于消除疲劳。

> **军语点击**
>
> **早检查** 连队在早晨进行的以检查着装、仪容和个人卫生为内容的例行性行政管理活动。通常于整理内务和洗漱后,以排为单位列队进行,时间不超过10分钟。

二、军训安全知识

(一)军训安全工作的内容

1. 全体参训人员要树立安全第一的思想。参训干部和教师必须反复对参训学生进行"防事故、保安全"教育,这种教育要有明确的要求、得力的措施,以确保全体参训人员的安全。对于来往乘车、持械操作、野营拉练、个人分散活动和饮食卫生等环节要特别抓紧。

2. 持械操练必须精力集中,严格按规程操作,不得随意摆弄枪支,训练完毕,要将枪械存放于指定位置,不得随意挪动;严禁枪口、刺刀对人,严禁用武器开玩笑。

3. 军训期间,必须严格执行请销假制度,不得随意离队。经批准外出的学生,必须服从指定负责人的领导,按时集合归队;不得在外住宿。

4. 军训期间,要做到一切行动听指挥,个人不得擅自进行未经批准的其他活动。对不清楚的问题,要及时向上级请示。

5. 在指定地区进行自由活动,不得擅自离开指定活动范围。

6. 同学之间,同学与部队干部、战士之间,与住地周围群众之间要搞好团结,如发生矛盾,按组织系统反映解决,严禁争吵、打架斗殴。

7. 注意饮食卫生,防止食物中毒,不得随意到营地外购买食物,不得酗酒。

8. 发生和发现问题,立即向上级报告。

（二）军训中集体乘车应注意的问题

1．集体乘车时，由军训主管部门事前做出计划，规定上下车的集合时间、地点，每辆车的乘坐人数，行车路线及注意事项，并在乘车前宣布。

2．乘员按规定人数乘坐指定车辆，必须在车辆停稳之后，听口令顺序上、下车，不得拥挤。

3．乘员上车后，按规定坐好，身体各部分不能超出车厢。乘坐卡车时，严禁站立，以防止发生意外。

4．每辆车由领导指定安全员一人，通常由军训副班长或其他学生干部担任，负责观察、提醒同学注意安全。

5．没有听到上级指示，个人不能擅自在临时停车时下车。

军语点击

晚点名　连队在晚间进行的以清点人数为主要内容的例行性行政管理活动。主要内容包括：清查人员在队情况，进行生活讲评，宣布次日工作或传达命令、指示等。通常以连为单位（有时以排为单位）于就寝前或其他时间列队进行，时间不超过15分钟。

（三）军训中的伤病防治

1．中暑

轻症中暑的，应赶快到阴凉通风处休息，喝点凉茶或冷盐水，一般能很快恢复。重症中暑的，要立即急救，将病人抬到阴凉通风处，解开其衣扣和裤腰，保持呼吸畅通；同时，用冷毛巾敷患者头部、腋部、腹股沟等处或用凉水擦身，使皮肤发红、毛细血管扩张，帮助身体散热。高热病人还需注射针剂。昏迷病人在急救的同时，应立即请医生到场或送医院治疗。

2．晕厥（倒）

如果发现有人出现晕厥症状时，应立即终止操练，令晕厥者躺下，抬高下肢并保持安静，短时即可恢复。一旦出现晕厥也不必惊慌，应立即让病人就地平卧，头部略低，迅速解开领扣、腰带和裤带（天气寒冷时要注意保暖），可指压人中、合谷以及按摩下肢，一般几分钟即可苏醒。

3．挫伤

伤轻的一般不需要特殊处理，每天轻轻按摩即可消肿；较重的可将五虎丹、七厘散用茶水或酒调匀敷在伤处，外加包扎。如果出现脑部、胸部、腹部、腰部及关节部位的挫伤，且疼痛剧烈的，应速送医院治疗。

4．肌肉损伤

在使损伤部位局部休息的同时，在患部抹急救药物，然后局部按摩。此外，还要加强功能锻炼，有条件的可用针灸治疗，服用舒筋活血的中药，敷伤湿止痛膏药等。也可将粗食盐炒热，加少量白胡椒粉，用湿布包着敷伤处，也可帮助止痛消肿。

5．痢疾

一要控制传染源，做到早发现、早隔离。卫生工作人员应经常观察了解学生的饮食卫生情况，一旦发现可疑现象，应详细调查了解，查出痢疾病人应立即隔离治疗。对慢性痢疾病人和带菌者也要进行隔离治疗；痢疾病人应设专用厕所；痢疾病人用过的物品必须经过刷洗消毒后方能再让他人使用。

第一章 初识军训

二要切断传染途径。认真落实饮食卫生制度,坚持分餐制,厨具要定期刷洗消毒,餐具要餐餐消毒,碗筷每餐前后都要用流动的清水刷洗干净。

三要养成良好的个人卫生习惯。不喝生水,不吃不洁食物;生吃瓜果时,必须洗净消毒;能去皮者应洗净去皮后再吃。夏秋季节可多吃些大蒜,或经常吃些大蒜拌马齿苋,或将鲜马齿苋洗净、切碎煎汤喝;也可将鲜酸枣树嫩枝洗净后切成1寸长煎汤,一日分2次服,连服3天,预防痢疾的发生和流行。

6. 痱子

一是要保持皮肤清洁,经常洗澡、洗头,衣服要宽大,并随时擦干汗液。二是要避免不必要的室外操作,特别是在太阳强烈的时候,训练中应注意适时休息。另外,晚上睡觉时室内要通风。

7. 疖肿

在疖肿刚刚发起时可热敷,或涂碘酒,即有消炎的效果。如果已有明显的红肿,可贴拔毒膏或鱼石脂软膏。疖肿较大或已经化脓,应请医务人员给予治疗。疖肿发生在面部,尤以上唇和鼻子两侧的部位危险性较大,若有发烧、寒战等症状,更应及时请医生诊治,千万不要自己随便进行挤压等处理。预防疖肿的办法是搞好个人卫生,保持皮肤和内衣的清洁,注意减少皮肤的摩擦,避免皮肤损伤。蚊虫叮咬,或因其他原因皮肤发痒时,不要将皮肤抓破,以减少细菌侵入的机会。

(四)实弹射击训练时注意事项

实弹射击是每一个男孩都有的梦想,军训一般都能圆大家这个梦。但是,毕竟是真枪实弹,所以,必须严格执行规章制度。

1. 严格遵守实弹射击纪律,服从命令,听从指挥。
2. 在没有接到指挥员下达的"进入射击预备地线"命令前,不得擅自进入。
3. 进入射击预备地线后,要按口令统一验枪,领取子弹,并按照要求装入弹匣。
4. 听到"进入射击地线"的口令后,按规定进入射击位置,然后再按口令装上弹匣。
5. 装弹后,应按规定关上"保险",等候指挥员下达射击命令,再进行射击。
6. 射击过程中,如发现意外情况,要立即中止射击并将武器关上"保险",放置在射击位置后,及时向指挥员报告。
7. 射击完成后,要向指挥员报告"×××射击完毕"。听到"起立"的口令后再起来。
8. 使用武器前和武器使用完毕后,都要验枪。
9. 无论在什么情况下(不管武器中是否有弹药),都严禁枪口对人,或者用武器开玩笑。

军语点击

会操 集中部属并按指定的单位或人员对已训课目进行操演。通常适用于队列科目和某些技术科目。用以检验训练效果和相互观摩学习。

(五)夜间站岗注意的问题

夜间站岗除了要严格执行条令对卫兵所作的规定和要求外,由于是在黑暗情况下值勤,还有着其他一些特殊要求,如灯火管制、保持肃静、带齐装备、熟记口令、准时接班等。

参加军训的学生要适应夜间站岗,还应做到以下几点:

1. 要克服胆小害怕的心理,有意识地锻炼自己,时刻想着自己值勤所肩负的神圣职责和使命。

2. 着装和武器弹药要放置井然有序,防止夜间换岗时找不着装备。

3. 要锻炼自己能够及时醒,又能及时入睡。既要防止叫不醒误了哨,又要防止下哨后睡不着影响第二天的训练质量。

(六)雨天防雷击

如果碰到雷雨,应当选择合适的避雷场所避免伤害。比如到有避雷装置的建筑物下,或到浇铸的钢筋混凝土建筑物下,或到有完整金属结构的车辆里去避雷。如果在野外,一时找不到安全的地方,应使人体的位置尽量降低,减少人体与大地的接触面积,但千万不能躺在地下。如果采取蹲下的方式,双脚要并拢,双手要放在膝盖上,若能披上雨衣效果更好。如果在较大的山洞避雷雨,人要离洞壁一定距离,并且要双脚并拢。

雷雨时应该避开树木,避开开阔的水面,避开电线和旗杆的周围,还要避开铁路及延伸很长的铁栏杆以及没有避雷装置的干草堆、帐篷、观测塔等。遇雷暴时,最好不要乘坐敞篷汽车或摩托车。更不要将带有金属的锹、镐、锄头和枪等扛在肩上。

军训小贴士

1. 洗军训外套的时间最好寝室同学互相商量,每天轮流洗,这样阳台上将不会太拥挤,保证第二天可以干。

2. 军训水壶有非常强烈的异味,用热茶叶水浸泡一晚(打开瓶盖),可显著减少异味。

3. 军训所有服装都容易掉色,不宜与淡色衣物一起洗。

4. 每天军训前应有意识的活动脚踝和膝盖,否则容易扭伤。

5. 解放鞋非常不透气,晚上睡觉前应将鞋垫拿出吹一下,并可放置几张餐巾于鞋内吸潮,避免脚气的发生。

6. 随身带好风油精或者万金油,感到头晕时自行涂抹。

7. 冰冻碳酸饮料强烈建议不要在餐中食用,对肠胃不好。

军语点击

紧急集合 军队在紧急情况下进行的集合。通常根据上级指示或经上级批准,由本级最高首长发出紧急号令、命令或信号,按预定的或临时确定的紧急集合方案实施。

发烫的熔炉不易破

钢厂的工长带着一名新职员参观工厂。他们来到车间,在那里,溶化的金属被倒进巨大的熔炉里。熔炉由半透明的材料制成,遇高温就变得红彤彤的,像火一样。工长抢起一把大锤,双手紧握,使劲敲打一只空的但非常烫的熔炉。尽管他使出全身的力气,一次一次地敲打,却无济于事,只在那口巨大的容器上面留下了几个小小的凹痕。然后,工长拿起一把小的榔头,走到一只已经完全冷却的熔炉面前。他只是轻轻地抬了一下手腕,就把那只冷却了的熔炉打破了。他解释到:"当熔炉发烫的时候,无论用多大力气都敲不破;可当它冷却下来,一击就破。"

最后,工长发人深省地说:"当一个人热情高涨时,是很难被击垮的;而一旦他松懈下来,一点小事就能把他击倒。"

启示:热情是成功和成就的源泉。一个人的意志力、追求成功的热忱愈强,成功的几率就愈大。

热情不仅有助于树立你在事业中的形象,还能让你体验生活的情趣。如果你多留心观察身边的人,那些幸福的人都是充满热情、愉快、笑口常开,他们的性格开朗、乐于助人;而缺乏热情的人,真正的不幸是关闭了工作和生活的幸运大门。热情的人总是面对朝阳,背对黑暗,不怕困难,即使是危险之际,他们也总是能转危为安。热情是真、善、美的使者,也是一只吉祥的鸟儿,传递给人们幸运的福音。

> **心灵鸡汤:**
> 一个人若没有热情,他将一事无成,而热情的基点正是责任心。对敢于承担责任的人来说,责任心有多大,舞台就有多大,责任心成就了竞争力。毋庸置疑,责任心是一个人能够立足于社会,获得事业成功与家庭幸福的至关重要的人格品质。

第二章　军事常识学习

第一节　军旗、军徽、军歌

一、军旗

军旗是象征军队或建制的旗帜。军旗主要用于参加典礼、检阅、隆重集会、游行等场合，由掌旗员掌握军旗，左右各有一名护旗兵，位于部队的前列。

威武的中国人民解放军三军仪仗队

中国人民解放军军旗

> **军语点击**
>
> 军旗一般由旗幅、旗杆和旗顶组成。旗幅的规格、质料、颜色、图案（字样）及制作方法等，各国军队都有严格的规定。旗杆一般为金属品，表面有旋纹。旗顶多为矛头、十字或其他象征性图形，有的饰穗子。军旗是军队荣誉、勇敢和统一指挥的象征，由最高军事领导机关制定和颁发。

中国人民解放军军旗是中华人民共和国武装力量的标志，是中国人民解放军荣誉、勇敢和光荣的象征。它激励全体指战员牢记自己的神圣职责，忠于党，忠于祖国，忠于人民，不惜牺牲自己的生命来捍卫祖国的神圣领土和尊严。

中国人民解放军军旗为红色，上缀金黄色的五角星及"八一"两字，表示中国人民解放军自1927年8月1日南昌起义以来，经过艰苦卓绝的长期斗争，终于在党的领导下取得了中国革命的伟大胜利。

中国人民解放军陆军军旗：旗面上半部保持三军军旗的基本样式，红色旗面，右上部有金黄色五角星和"八一"字样；下半部为草绿色旗面，它象征着祖国美丽、富饶的绿色大地。陆军军旗表示：陆军是中国人民解放军的组成部分，为保卫社会主义祖国领土安全而英勇战斗、所向无敌。

中国人民解放军海军军旗：旗面上半部与陆军相同；旗面下半部为横向的海蓝色和白色相间条纹的，象征着万里大海和波涛。海军军旗表示：海军是中国人民解放军的组成部分，为保卫社会主义祖国的万里海疆乘风破浪、勇往直前。

中国人民解放军陆军军旗

中国人民解放军海军军旗

中国人民解放军空军军旗

军史撷英

我军第一面军旗是工农革命军军旗,诞生于1927年9月的秋收起义。它的旗底为红色,象征革命;旗中央为五角星,代表中国共产党;五角星内的镰刀、斧头代表工农;旗面靠旗杆的一条白布上,写着"工农革命军第一军第一师"的字样。全旗的含义为:工农革命军是中国共产党领导下的工农武装。

中国人民解放军空军军旗:旗面上半部与陆军相同;旗面下半部为天蓝色,象征蔚蓝色的天空。空军军旗表示:空军是中国人民解放军的组成部分,为保卫社会主义祖国的神圣领空展翅翱翔、搏击长空。

二、军徽

中国人民解放军军徽为镶有金黄色边的五角红星,中嵌金黄色"八一"两字,故亦称"八一"军徽,表示中国人民解放军自从1927年8月1日南昌起义诞生以来,已经用灿烂的星光照耀着中国。中国人民解放军陆军军徽亦即中国人民解放军军徽。

海军、空军的军徽以"八一"军徽为主体。海军军徽为藏蓝色底,象征广阔的海洋,衬以银灰色铁锚,代表舰艇;空军军徽为天蓝色底,象征无垠的蓝天,衬以金黄色飞鹰两翼,代表飞机。

中国人民解放军军徽

中国空军军徽

中国海军军徽

三、军歌

《中国人民解放军军歌》,原名《八路军进行曲》,为《八路军大合唱》中的一首齐唱歌曲,由公木作词,郑律成谱曲,1939年秋作于延安。同年冬,由曲作者亲自指挥,鲁迅艺术学院合唱队与乐队在延安中央大礼堂首次演出。1940年夏,刊登于《八路军军政杂志》,随即在各抗日根据地广泛流传,深受广大军民的欢迎。

军史撷英

1988年7月25日,经中共中央批准,中央军委决定将《中国人民解放军进行曲》定为中国人民解放军军歌。同日,总参、总政为正式颁布军歌联合发出《关于颁布〈中国人民解放军军歌〉的通知》和奏唱的暂行规定。

军训实用读本

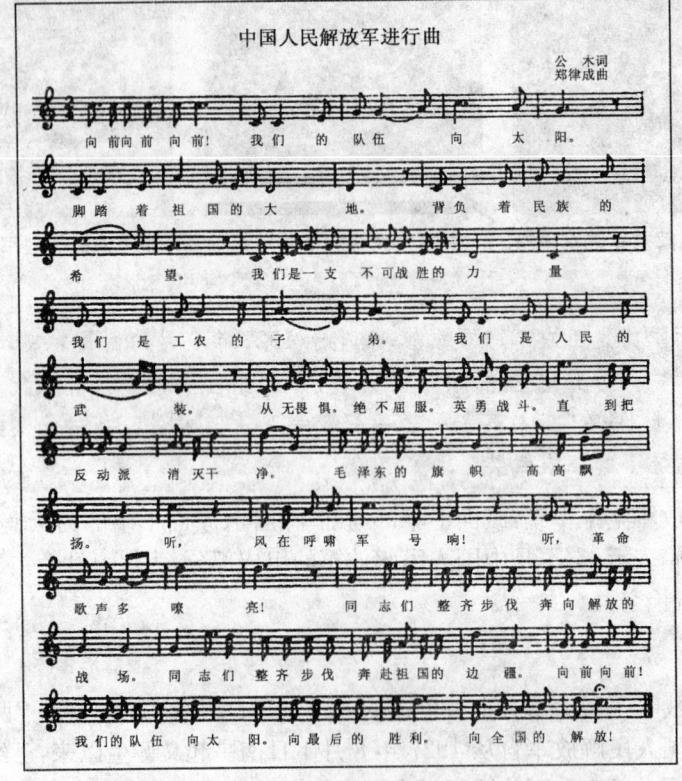

中国人民解放军进行曲

军语点击

军歌同军旗军徽一样,都是军队精神文化教育与传承的有效方式。但军歌又有其特殊功能,它是以诗的语言配以符合军事特点的旋律来表达一支军队的价值取向和思想情感,被称为军队的"音乐形象"。中世纪以前,世界多数军队的军歌是广义上的,泛指在军队中广泛传唱的表现军事题材的各种歌曲。中世纪以后,各国陆续通过法律或条令,指定某一首歌曲为军歌,统一在军队纪念、庆典、礼仪、集会等隆重场合演奏演唱,成为鼓士气、壮军威的特殊载体。

我们的军旗、军徽、军歌是光辉的标志,有着巨大的凝聚作用。热爱它,就是热爱国家、热爱军队;为它增光,就是为国家、为军队增光。在抗日战争的炮火中,在解放战争的硝烟里,在欢迎外国元首和外军领导人的仪式上,在边海防哨所和边境作战的最前线,在出访外国、外军的日子里,在抗震救灾的前沿,哪里有军旗、军徽、军歌,哪里就有光明、希望和胜利!

军史撷英

我军红军时期,在统一规定军旗制作时也曾设计过军徽式样,但未在全军推广。一些部队在不同时期制作的红五星帽徽、"八路军"和"新四军"臂章、"中国人民解放军"胸章等,一定程度上也起到了军徽的作用。我军统一的制式军徽,是中央军委1949年6月15日与军旗一同颁布的。

第二节 军史和现代国防

中国人民解放军自1927年8月1日南昌起义诞生之后,已经走过83年。这支新型的人民革命军队,在战争年代,为夺取革命政权进行了长期艰苦卓绝的斗争;在社会主义建设时期,为保卫国家领土、主权的完整和全国各族人民的和平幸福,无私奉献,不断成长壮大,现在已发展成为包括陆、海、空军及诸兵种合成的、高度集中统一的军队,成为保卫中华人民共和国的钢铁长城,成为维护世界和平的一支重要力量。

一、中国人民解放军军史

(一)创建时期:1927年8月1日—1937年8月24日(红军时期)

南昌起义打响武装反抗国民党反动派的第一枪,揭开了中国共产党独立领导武装斗争和创建革命军队的序幕。红军鼎盛时期达到约30万人,由于受"左"倾错误的战略指导,中央红军未能打破国民党军的第五次"围剿",被迫于1934年10月撤离中央革命根据地,进行长征。在长征中,红军历经艰难险阻,于1935年9月、10月和1936年10月先后到达陕甘革命根据地和甘肃南部地区并胜利会师。

八一南昌起义纪念馆

八一南昌起义纪念碑

(二)壮大时期:1935年8月25日—1945年9月11日(八路军、新四军时期)

> **军语点击**
>
> 正确的战略和策略来自正确的思想和理论。中国共产党敌后抗日的战略和策略,无不得益于毛泽东在长期的革命战略实践基础上对战略理论的理性思考。无论是1938年5月的《论持久战》和《抗日游击战争的战略问题》,还是1940年的《论政策》,都为中国人民的抗日战争实践提供了强大的思想武器。中国人民的抗日战争实践无不闪耀着毛泽东战略思想的伟大光辉。

1937年7月至1945年9月的抗日战争时期,红军的主力部队改称国民革命军第八路军,简称"八路军";同时将活动在江西、福建、广东、湖南、湖北、浙江、安徽、河南等八省的红军游击队集中起来,改称为国民革命军新编第四军,简称"新四军"。

1937年7月7日,日本全面侵华战争爆发。在中华民族生死存亡之际,八路军和新四军成为抗击侵略的中流砥柱。

在炮火纷飞的岁月,八路军、新四军迈着铿锵有力的步伐向敌后挺进;

在民族危亡的时刻,八路军、新四军所到之处,破碎的山河开始聚合,涂炭的生灵得到拯救,昏暗的天地泛出红润;

在胜利的曙光中,八路军、新四军所到之处,抗日的力量不断发展壮大,日本侵略者的墓坑越掘越深;

平型关大捷、晋察冀根据地斗争、百团大战、相持阶段斗争、大反攻,中国共产党领导的八路军、新四军浴血奋战,迎来了抗日战争的胜利。

(三)发展时期:1945年9月11日—1949年9月30日(解放战争时期)

抗日战争胜利后,以蒋介石为首的国民党反动派在美帝国主义的支持下,坚持独裁和内战方针,企图侵吞胜利果实,消灭中国共产党及其领导的武装力量,继续实行大地主大资产阶级的统治。

军史撷英

1927年秋至1928年春,中国共产党领导了南昌起义、秋收起义、广州起义、湘南起义和湖北东部等地区的起义。这些地区起义后保留下来的部队,当时叫中国工农革命军,1928年5月以后,陆续改称中国工农红军,简称"红军"。

为抗击国民党将要发动的内战,中共中央制定了"向北发展,向南防御"的战略方针,各解放区遵照中共中央的指示,迅速调整战略部署。1946年6月,国民党公开撕毁国共两党签订的《停战协定》,悍然大举进攻中原解放区,内战全面爆发。各解放区军民奋起自卫,人民解放战争全面展开。由于战略任务发生了根本变化,从1946年9月中旬起,我军正式改称"中国人民解放军",朱德和彭德怀分别任正副总司令。从此,我军一直称为"中国人民解放军"。由于当时战事繁忙,各部队改称的时间不一,直到1947年年底才全部改完。人民解放军在4年的解放战争中,共歼灭国民党军807万人,解放了除西藏(1951年5月和平解放)和台湾、澎湖、金门、马祖以及南海诸岛以外的全部国土,为夺取新民主主义革命的胜利,结束帝国主义、封建主义和官僚资本主义在中国的统治作出了巨大贡献。

军史撷英

三大战役是指1948年9月至1949年1月,中国人民解放军同国民革命军进行的战略决战,包括辽沈、淮海、平津三个战略性战役。

(四)现代化建设时期:1949年10月1日至今

中华人民共和国成立后,解放军担当保卫国防,参加社会主义革命和建设的任务,同时开展革命化、现代化、正规化建设,使之发展成由陆、海、空三军组成的诸军兵种合成的军队。

在新中国的社会主义建设中,很多部队成建制地投入到建设祖国的行列中,架桥筑路、开发矿山、治理江河、兴修水利、垦荒造田、植树造林。特别是在西北、东北等边疆地区的开发中,在关系到国家经济命脉的大庆油田等项目的建设中,发挥了突击骨干作用。铁道兵、工程兵、基建工程兵等部队,承担了许多重点工程项目,在社会主义建设中写下了光辉的篇章。

在历次发生洪水和地震等严重自然灾害的时候,中国人民解放军总是奋勇当先、赴汤蹈火,全力抢救人民群众的生命财产。哪里有危难,哪里就有中国人民解放军的身影,都留下赞颂解放军英勇奋斗的光辉丰碑。

2009年10月1日,中华人民共和国成立60周年庆祝大会在北京举行,中国人民解放军接受了党和全国人民的检阅。人民军队以恢宏、磅礴之势,再度震惊世界。

建国60周年国庆阅兵

军史撷英

1947年3月,正式使用中国人民解放军总部这一名称,中国人民解放军总司令朱德,副总司令彭德怀,参谋长叶剑英。至同年6月,共歼灭国民党军112万人,人民解放军的总兵力发展到195万人。8月30日起,因彭德怀指挥西北野战军作战,由中共中央军委副主席周恩来代理军委总参谋长职务。

二、现代国防

国防是国家生存和发展的保障,又叫社会国防、大国防、全民国防,包括武装建设、国防体制、军事科技和工业、国防工程、军事交通通信、人力动员、国防教育、国防法规等诸多方面,是一个庞大而复杂的系统。从最高元首到每个公民,从军事到政治、经济、文化、教育、科技和意识形态都与之密切相关。强大的国防,是国家、民族生存与发展的基本条件。现代国防以军事力量为核心,包括有关的非军事力量;它重视国家的战争潜力,特别是战时的动员效率;它是以经济和科技为主的综合国力的竞争。现代军队是知识和科技密集的武装集团,强调军人的单兵素质。和平时期国防的作用是威慑,要求不战而屈人之兵;战时国防的责任是实战,目标是胜利。

(一) 当代国防类型

扩张型。大国为了维护本国在世界各地的利益,奉行霸权主义,侵略、颠覆和渗透他国。

自卫型。主要依靠本国力量,广泛争取国际支持,防止外敌入侵,维护本国安全。我国的国防属于自卫型,坚持和平自主的防卫原则,永不扩张,也不容别国侵犯我国一寸土地。

联盟型。以结盟形式,联合他国弥补自身力量的不足。又分为扩张型和自卫型;还可分为一元联盟和多元联盟,前者由一个大国做盟主。

中立型。一些中小发达国家严守和平中立的国防政策,制定总体防御战略和寓兵于民的防御体系,如瑞士。

当今国际形势日渐缓和,但霸权主义和强权政治依然横行。居安思危,我国既要加速发展,也要确保安全。"国富""兵强"是我国屹立于世界民族之林的两大支柱。

(二) 国防法律法规

1. 中华人民共和国国防法

1997年3月14日中华人民共和国第八届全国人民代表大会第五次会议通过,中华人

民共和国主席第84号令公布,自公布之日起施行。是中华人民共和国第一部国防方面的基本法,是指导、规范国防和军队建设的基本依据,在国家法律体系中占有重要位置。国防法为建设和巩固国防,保障社会主义现代化建设的顺利进行,根据宪法而制定。包括总则;国家机构的国防职权;武装力量;边防、海防、空防;国防科研生产与军事订货;国防经费和国防资产;国防教育;国防动员和战争状态;公民、组织的国防义务和权利;军人的义务和权益;对外军事关系;附则共12章70条。

《中华人民共和国国防法》是一部仅次于宪法的国防基本法。

2. 中华人民共和国兵役法

《中华人民共和国兵役法》是中国实行兵役制度的基本法律,是行政法的一个重要组成部分,在中国社会主义法律体系中占有重要地位。中华人民共和国建国以来,先后颁布了两部兵役法。第一部兵役法于1955年7月30日由第一届全国人民代表大会第二次会议通过并公布。现行兵役法于1984年5月31日第六届全国人民代表大会第二次会议通过并公布,1984年10月1日起施行。该法分总则;平时征集;士兵的现役和预备役;军官的现役和预备役;军事院校从青年学生中招收的学员;民兵;预备役人员的军事训练;高等院校和高级中学学生的军事训练;战时兵员动员;现役军人的优待和退出现役的安置;惩处;附则共12章68条。《兵役法》是根据宪法第55条和其他有关条款的规定制定,实行义务兵役制为主体,义务兵与志愿兵相结合,民兵与预备役相结合的兵役制度。兵役法的颁布实施标志着中国军事法制建设进入一个新的阶段,为一系列有关军事法规在80年代后期的相继发布、施行提供了法律依据,对加强中国军队和国防建设具有十分重要的意义。

3. 中华人民共和国国防教育法

为了普及和加强国防教育,发扬爱国主义精神,促进国防建设和社会主义精神文明建设,根据《国防法》和《教育法》,制定本法。《国防教育法》明确规定:"学校的国防教育是全民国防教育的基础,是实施素质教育的重要内容。教育行政部门应当将国防教育列入工作计划,加强对学校国防教育的组织、指导和监督,并对学校国防教育工作定期进行考核。"因此,接受国防教育是公民的一项义务,每个公民都要按照国家规定,通过一定的形式,接受国防教育,增强国防观念,并把它作为自己的光荣职责。

军史撷英

现代国防的基本特征:特征一,多种斗争形式的角逐;特征二,战争潜力的转化;特征三,综合国力的抗衡;特征四,质量建设为基础;特征五,威慑作用的功能。

(三)我国的武装力量

1. 绿色长城——中国陆军

中国人民解放军陆军诞生于1927年,战争年代主要是步兵。新中国成立后,逐步由以步兵为主发展成包括炮兵、装甲兵、工程兵、通信兵、防化兵、电子对抗部队、陆军航空兵等战斗兵种、战斗保障兵种和专业部队在内的合成军种。中国人民解放军陆军是一支战功卓著,具有光荣传统的武装力量,随着军队现代化、正规化、信息化建设的不断深入,必将成为一座更加坚不可摧的钢铁长城。

2. 蓝天卫士——中国空军

中国人民解放军空军随中华人民共和国的诞生而诞生。60多年来,人民空军走过了不平凡的历程,主要经历了1950年代至1960年代中期全面建设、"文化大革命"10年曲折前进和改革开放以来全面发展三个大的发展时期,取得了建军、作战和保卫祖国等光辉业绩。人民解放军空军已成长为一支具有相当规模的,以航空兵为主体,包括高炮、地空导弹、空降兵等作战部队以及雷达、通信等保障部队,多兵种合成的技术军种,成为中国人民解放军的一支重要的战斗力量,为建立现代化的强大的人民空军奠定了坚实的基础。

中国最新型"飞豹"战斗轰炸

中国空军最先进的空空导弹

3. 海上长城——中国海军

1949年4月23日,新中国成立前夕,人民海军建军。在走过60多年光辉的历程中,建成了一支拥有北海、东海、南海舰队和海军航空兵等部队,辖有水面舰艇、潜艇、航空兵、陆战队和岸防部队等多兵种的合成军队,成为一支初具现代化规模的近海防御力量。60多年来经历了这样三个大的发展时期:从1949年到1950年代中期,人民海军在战斗中诞生,边战斗边建设,各兵种部队相继建立,初具规模;20世纪50年代中期到70年代,海军建设在曲折中前进;1980年以来,海军建设进入了以现代化为中心的全面发展新时期。

军史撷英

1950年1月12日,毛泽东签署了中华人民共和国中央人民政府人民革命军事委员会命令,任命萧劲光为中国人民解放军海军司令员。1月30日,建立海军领导机构。1952年又增调二野第10军军部和直属部队加以充实。海军领导机关的成立,标志着人民海军正式成为中国人民解放军的一个军种。

4. 军中骄子——中国"二炮"

中国"二炮"全称中国人民解放军第二炮兵部队,是以地地战略导弹和常规战役战术导弹为主要装备的兵种。成立于1966年7月1日,其担负核威慑和核反击战略作战任务,在战略上配合其他军种作战,是实现积极防御战略的主要核打击力量。战略导弹部队是人民解放军一支年轻的高技术部队。40多年来,在党中央、中央军委的正确领导下,一代代官兵艰苦创业,使这支部队从无到有、从小到大,在保卫祖国安全、维护世界和平中发挥着重要作用。

5. 金色盾牌——中国武警

军语点击

中国人民武装警察部队依其任务不同分为三类：第一类，内卫部队（机关及首长的警卫任务）；第二类，列入武警序列由公安部门管理的部队（边防、消防等部队）；第三类，列入武警序列受国务院有关业务部门和武警双重领导的部队（水电、森林、黄金等部队）。

翻开中华人民共和国的史册，有一支为维护国家安全和社会稳定立下不朽功勋的部队，这就是中国人民武装警察部队。中国人民武装警察部队成立于1982年6月，是国家武装力量的重要组成部分，是保卫社会主义现代化建设的一支重要力量。在完成维护社会治安、保持社会稳定和参加社会主义现代化建设等各项任务中，发挥了重要作用。

中华民族爱好和平与自由，但决不能忍受外来的侵略和压迫。面对外来侵略，各族人民总是能团结一致、同仇敌忾、奋起反抗。中国历史上，所有侵略者最终都难以逃脱失败的命运。也正是在抵御侵略、维护国家主权和民族尊严的过程中，中华民族形成了坚持国家和民族利益至上、誓死不当亡国奴的民族品格；万众一心、共赴国难的民族团结意识，不畏强暴、敢于同敌人血战到底的民族英雄气概；百折不挠、勇于依靠自己的力量战胜侵略者的民族自强精神；开拓创新、在危难中开辟发展新路的民族创造精神；坚持正义、自觉为人类和平进步事业贡献力量的民族奉献精神。

中国是一个爱好和平的国家！中国是一个正在发展强大的国家！中国人正在一步一个脚印坚实的从过去走向未来！

第三节　军人称呼与举止

一、军人称呼

按照《中国人民解放军内务条令》的规定，军人称呼通常有以下三个方面要求：

(1) 军人之间通常称职务，或姓加职务，或职务加同志。

(2) 首长和上级对部属和下级以及同级间的称呼，可称姓名或姓名加同志。

(3) 在公共场合不知道对方职务时，可称军衔加同志或同志。

二、军人举止

按照《中国人民解放军内务条令》的规定,军人举止有以下几个方面要求:

(1)军人听到首长和上级呼唤自己时,应立即答"到"。在领受首长口述命令、指示后,应当回答"是"。

(2)军人进入首长室内前,应当喊"报告"或敲门得到允许后方可以进入并向首长敬礼;进入同级或其他人员室内前,应当敲门,经允许后方可进入。

(3)军人着军服进入室内通常脱帽。因特殊情况不适宜脱帽时,由在场最高首长临时规定。

(4)军人必须举止端正,谈吐文明,精神振作,姿态良好。不准袖手、背手和将手插入衣袋,不得边走边吸烟、吃东西、扇扇子,不得搭肩挽臂。

(5)军人外出,必须遵守公共秩序和交通规则,尊重社会公德,自觉维护军队的声誉。不准聚集街头、嬉笑打闹,不准携带违禁物品。乘坐公共汽车、电车时,主动给老人、幼童、孕妇和伤、病、残人员让座。

(6)军人不准擅自参加地方组织的舞会,不得酗酒、赌博、参加迷信活动。

(7)军人参加集会、晚会,必须按规定的时间和顺序入场,按指定的位置就座,遵守会场秩序,不迟到、早退。散会时,依次退场。

(8)文艺工作者扮演我军官兵时,必须严格执行军容风纪的有关规定,维护军人形象。

(9)不准着军服摆摊设点、叫买叫卖,不准以军人的名义、肖像做商业广告。

中外军事名著

《战争论》是德国人克劳塞维茨在总结以往战争,特别是拿破仑战争的基础上写成的,是世界三大兵书之一。由于克劳塞维茨注意运用德国古典哲学的辩证法考察战争问题,因而阐述了诸如:"战争无非是政治通过另一种手段的继续"等一系列思想。

第四节 拉练、行军、野营知识

军语点击

拉练又称急行军,是军队里一个很重要的训练科目,是为了增强下级军官和士兵的体质及加强战斗力的一种训练方式。在拉练过程中,每个人都会在一种纪律严明的压力下磨砺自己,使一支队伍变得更加团结和更具有凝聚力。

行军是指军队徒步或乘车沿指定路线进行的有组织的移动。

野营是指在野外搭建营帐住宿,是军事或体育训练的一种项目。

军训实用读本

一、拉练

（一）目的

军事拉练是军训的重要组成部分。它是一种长距离、高难度、行进中的军事训练，有助于锻炼学生的体能，培养坚韧持久的毅力和耐力，能够让学生体验练习过程中的艰辛和到达目的地的成功和喜悦。

（二）路线

既要考虑距离，也要考虑有一定的难度，比如登山、跋涉等。

（三）距离

初中生不少于 5 km，高中生不少于 10 km。

（四）时间

清晨比较适宜，根据需要，也可以安排其他时间段。

（五）具体步骤

(1) 提前沿拉练线路查看，预测可能出现的问题，制定详细的拉练计划和应急方案。

(2) 提前告知紧急集合要求和拉练急行军信号：①紧急集合信号——连续的短哨音；②行进信号——长哨音；③停止行进——长哨音＋短哨音。

(3) 清晨突然吹响紧急集合信号，紧急集合，领导讲话动员，并提出行军要求和安全要求及其注意事项。领导授旗，拉练急行军开始。

(4) 到达目的地后，可以安排一些轻松的团体活动，如拉歌等，也可以直接返回。

(5) 按规定线路返回。

(6) 回到起点后总结。

（六）集合要求

做到"静、齐、快"。

(1) 保持安静，不可暴露目标。

(2) 足额集合，每名战士必到。

(3) 按时集合，在限定的时间内集合。

(4) 服装统一、整齐，装备齐全。

（七）行军要求

(1) 保持安静，不可暴露目标。

(2) 行进过程的队列要求：二路纵队按次序行进，不得擅自离开队伍，不得顺序倒置，服从管理，一切行动听指挥。

(3) 按次序行进。这包含两层意思：一是班级次序，班间距 5～6 m；二是人间距，前后之间的间距适当，以保持宽松的距离为好。

(4) 行进间不能相互推搡和嬉笑打闹，不得点火掌灯、使用手机。

（八）安全要求

(1) 寝室起床到操场的安全，特别是楼梯、楼道中的安全：防止踩踏事件的发生，防滑、防撞，如果发现有人滑倒、跌倒，第一发现者必须马上高声下达指令"停止前进——"，在楼道里的人必须无条件停止脚步，静观出险情况，确认险情排除，方可继续行进。

(2) 急行军途中在拐弯交叉路口，要服从调度，动作迅速，一切行动听指挥，方能保证有序行进,做到有效率、有安全。

中外军事名著

《孙子兵法》又称《孙武兵法》《吴孙子兵法》《孙子兵书》《孙武兵书》等,英文名为《The Art of War》,是中国古典军事文化遗产中的璀璨瑰宝,是中国优秀文化传统的重要组成部分,是世界三大兵书之一。其内容博大精深,思想精邃富赡,逻辑缜密严谨。作者为春秋末年的齐国人孙武,字长卿。

（九）应急预案

1. 楼道里滑倒、撞倒情况的应急处理:①命令"停止前进";②处理现场,畅通通道;③通知医务人员前来检查。

2. 行进间,滑倒、扭伤、其他疾病发生的应急处理:①报告给政教员和排长;②政教员就地应急处理并报告医务人员,等待医务人员的到来。

军史撷英

二万五千里长征

以王明为代表的"左"倾冒险主义者在军事上一错再错,导致第五次反"围剿"的失败,红军处于被敌人重重包围的困境。为了保存革命力量,中央和红军第一方面军被迫于1934年10月撤出中央革命根据地,进行战略转移,开始了长征。为了争取主动和策应中央红军的转移,红二十五军于1934年10月,红四方面军于1935年3月,红二、六军团(即后来的红二方面军)于1935年11月也相继撤出了鄂豫皖、川陕、湘鄂川黔等革命根据地,先后踏上了征途。

在长征途中,中国共产党中央及其所领导的工农红军,克服了教条主义、宗派主义、分裂主义错误,粉碎了蒋介石几十万大军的围追堵截,战胜了自然界的天堑、激流峡谷、雪山草地以及物资极端匮乏等数不尽的艰难险阻,三大主力红军于1936年10月在陕北会师。历时两年的长征壮举,纵横十一个省,长驱二万五千里,最后以我们胜利、敌人失败宣告结束。

"长征是历史纪录上的第一次,长征是宣言书,长征是宣传队,长征是播种机。"长征的胜利,保存了一大批革命干部,这是经过千锤百炼的中国革命的精英;长征的胜利,使红军主力转移到抗日的前沿阵地,使党中央领导全国革命的大本营奠基于陕北延安,从此开创了中国革命的新局面。长征更深远的意义还在于它造就了一批杰出的领袖人物,锻炼了一大批革命干部,特别是确立了毛泽东同志在红军和党中央的领导地位,这是我们党经过多年的革命实践,经过正反两方面的斗争经验,长期比较做出的历史性选择。长征以它的英雄业绩,使中国共产党取信于全中国,震撼了全世界,以它特有的伟力,加速了中国革命的历史进程。

二、行军

(一) 行军要求

行军就是军队从一个配置地点向另一个配置地点的单纯的转移。它主要有两方面要求：

(1) 是部队要舒适，要避免无谓地消耗本来可以有效使用的力量；

(2) 是运动要准确，部队要准确无误地到达目的地。

(二) 行军注意事项

(1) 在着装上，行军时应穿旧衬裤，以防磨伤皮肤；鞋子不宜过小、过大或过硬；鞋带扎得不可过紧或过松，行军一段后，脚发生肿胀时，可将鞋带松一松。袜子大小要合适，袜底鞋垫要平整，剪去线头结；不出汗的脚可在袜底擦些肥皂以减少摩擦。

(2) 行军时应根据不同的道路和气候情况，采取不同的走法。

平路：身体要前倾，脚掌要放开，步子要迈开，速度要均匀。

山路：要尽量靠山坡的一侧走。

上山时，身体向前倾，脚要踏稳，腿要抬高，步要迈大，脚掌用力，脚成八字形。

在冰雪路行进时，身子不要摇晃，保持平衡，脚掌擦冰，踏实慢行。

走泥泞路时步子要小，移动要快，尽量踏有草的地方。

翻越沙丘时，应成纵队，后面踏着前面的脚印，抬头稳步，这样可以减少脚步后陷下滑。

(3) 在休息时，应卸下武器装备，解松腰带和子弹带，脱下鞋袜，清除鞋内沙土，使之通风干燥，并将下肢略微垫高，以利血液回流。

(4) 到达宿营地后，应用温水洗脚，尽量换洗汗湿衣裤，以免受凉，发生脚泡应进行处理。

> **军语点击**
>
> **常行军**，徒步日行程为 25～35 km，时速为 4～5 km；乘车日行程为 150～250 km，昼间时速为 20～25 km，夜间时速为 15～20 km。
>
> **急行军**，强调行军速度，强调部队以最快的速度行军，是紧急情况下的行军方式之一。如 1947 年晋察冀野战军在清风店战役中，一昼夜走了 120 余 km，为抓住和歼灭敌人创造了有利条件。
>
> **强行军**，强调行军强度，指在恶劣环境和紧急情况下高速度、长时间的连续行军。通常在这种行军方式下，官兵的身心承受力达到极限。急行军和强行军是两个意思相近的概念，20 世纪 60 年代，我军逐渐以"强行军"这个术语代替"急行军"。
>
> **奔袭**，同时强调行军速度和行军目的，其含义为迅速赶去，对远方的敌人进行突然袭击。

三、野营

> **中外军事名著**
>
> 《论持久战》是毛泽东所作，被称为当代东方军事理论巨著。毛泽东指出，抗日战争是持久战，最后胜利是中国的。初次印出的《论持久战》，封面由毛泽东亲笔题写书名，扉页印着毛泽东亲笔写的："坚持抗战，坚持统一战线，坚持持久战，最后胜利必然是中国的。"

营地　　　　　　　　　　途中　　　　　　　　　　野炊

在野外搭建营帐住宿是军事或体育训练的一种项目。野营一般需要生篝火，它既可以防止野兽的侵袭，也可以用作烧、烤、煮或加热野营食物，因此生火对于野营来说是很重要的。

1. 营地的选择

营地应选在干燥、平坦、视线开阔、上下都有通路、能避风排水且取水方便的地方。野营要自己挖野地厕所，营具、炊具、食物也要自己准备，以三天两夜为宜，不然食物放久了不新鲜，吃了反而不好。

以下六种危险地形，切记勿选作营地：

(1) 不可在峡谷的中央，避免山洪。

(2) 不可在近水之处，避免涨水。

(3) 不可在悬崖之下，避免落石。

(4) 不可在高凸之地，避免强风。

(5) 不可在独立树下，避免雷击。

(6) 不可在草树丛之中，避免蛇虫。

2. 帐篷的注意事项

(1) 帐篷的入口要背风，帐篷要远离有滚石的山坡。

(2) 为避免下雨时帐篷被淹，应在篷顶边线正下方挖一条排水沟。

(3) 帐篷四角要用大石头压住。

(4) 帐篷内应保持空气流通，在帐篷内做饭要防火。

(5) 晚间临睡前要检查是否熄灭了所有火苗，帐篷是否固定结实了。

(6) 帐篷要依次搭建：首先搭建公用帐篷，在营地的下风处搭好炊事帐篷，建好炉灶，烧上一锅水。然后再依次向上风处搭建用于存放公用装备的仓库帐篷及各自的宿营帐篷。这样当整个营地的帐篷搭建好时，烧的水已开锅，可以马上饮用并开始做饭。

(7) 建好野外厕所：选择在营地的下风处，地势稍低一些，并远离河流（至少 20 m 以外）的地方。最好是挖一个宽 30 cm 左右、长 50 cm 左右、深约 50 cm 的长方形土坑，里面放些石块和杉树叶（消除臭味）。三面用塑料布或包装箱围住固定好，开口一面应背风。准备一些沙土和一把铁锹以及一块纸板。便后用一些沙土将排泄物及卫生纸掩埋，并用板将便坑盖住以消除异味。在厕所外立一较明显的标志牌，使别人在较远处即可看到是否有人正在使用。露营结束时，用沙土将便坑掩埋好，并做好标记，以便告知其他参加野外活动的人。

(8) 清理垃圾：不在营地留下一点垃圾是野营必须恪守的纪律。纸类的垃圾可以焚烧后

就地掩埋,塑料瓶、易拉罐等要装入垃圾袋带走,途中经过垃圾站时再丢弃,万不可随处抛弃。

中外军事名著

《海权对历史的影响》是世界三大兵书之一,它和《圣经》等书一起被称为"影响世界历史的十六本书"。作者艾尔弗雷德·塞耶·马汉,美国人。马汉的海权论,是当时美国政府制定海洋政策和海军发展政策的理论依据,并对英、德、日等国的海军建设和海洋战略产生过重大影响。

心灵旋律

敞开心怀

从前,有两个人结伴横穿沙漠。水喝完了,其中一人因中暑不能行动。那个健康而又饥渴的人对同伴说:"你在这里等着,我去找水。"然后把手枪塞在同伴的手里,再三嘱咐:"枪里只有五颗子弹,千万要记住,三个小时之后,每小时对空鸣一声枪,枪声会指引我找到正确的方向与你会合。"

两人分手后,一个充满信心去找水,一个狐疑满腹地卧在沙漠里等候。这个等候的人依照吩咐,按时鸣枪,但他很难相信这么一个渺无人烟的所在,还会有人听见他的枪声。他怀疑同伴找到水后,丢下他这个包袱独自去了。因此,恐惧和夜色一样,一步步地吞噬着他。

到应该发第五枪的时候,他的精神完全崩溃了:"这是最后一颗子弹,同伴早已走了。这颗子弹用完,我只有等死而已。可是在一息尚存之际,沙漠的秃鹰会啄瞎我的眼睛,啄食我的肉身……"他把枪口对准自己的太阳穴,扣动了扳机。

不久,那提着满壶清水的同伴领着一队骆驼商旅寻声而至,但他们找到的,却是一具尚有余热的尸体。

启示:人生如戏,每个人既是编剧,也是导演,又是演员,所以说,每个人的情节和结局,都是自编、自导、自演的,只不过未曾觉察罢了……

在现实生活中,有些人除了相信自己,对谁都不信任,在自己和别人之间,修筑了一条防御工事,整天戴着"头盔",披挂着"铠甲",躲在"碉堡"里。这样,不但辜负了人家对他的一片友好诚意,而且还自己害了自己。那位自取灭亡者,不就是一个惨痛的教训吗?

心灵鸡汤

人生就像一盘不知何时下完的棋,每走一步都会遇到一份艰辛,每前进一步都必须充满热情。人生又像一首乐曲,而自卑、自负、自尊、自强像人生路上可以选择的一个个音符,演奏着不同的人生的乐章。

第三章 军事技能训练

第一节 徒手队列动作训练

一、立正、跨立与稍息

立正

跨立

稍息

立正,稍息!军训,是新生们迈进校门上的第一堂课,让莘莘学子像军人那样,磨炼钢铁一样的意志,然后将这段军训的历程打包进人生的行囊带着它上路,用坚韧的意志面对今后的一切。

> **军语点击**
> **立正**是军人的基本姿势,是队列动作的基础。军人在宣誓、接受命令、进见首长、向首长报告、回答首长问话、升降国旗和军旗、奏国歌和军歌等严肃庄重的场合,均应自行立正。
> **跨立**主要用于军体操、执勤和舰艇上分区列队等场合,可以与立正互换。
> **稍息**是"军营流行语"中的流行语,因为没有哪句话比稍息用得更多了。"稍息"单从字面上解释是略作休息的意思,但有时随环境的转换,意义上会发生一些变化。

（一）立正

口令:"立正。" 没有预令,要求声音洪亮、清楚,短促有力。

要领:两脚跟靠拢并齐,两脚尖向外分开约60°,两腿挺直;小腹微收,自然挺胸;上体直,微向前倾;两肩要平,稍向后张;两臂下垂自然伸直,手指并拢自然微曲,拇指尖贴于食指第二节,中指贴于裤缝;头要正,颈要直,口要闭,下颌微收,两眼向前平视。

训练方法与步骤:

1. 手形检查

口令:手形检查,停。

要领:听到口令,队列人员两臂伸直向前平举约与肩宽,两手心相对,手指并拢自然微曲,拇指尖贴于食指的第二节。听到"停"的口令,两手放下并使中指贴于裤缝,成立正姿势。

2. 站立

口令:立正,停。

要领：听到口令，成立正姿势，逐渐增加站立时间。做到"三收一顶，三挺一睁"，体会"八股劲"。

三收一顶：即收小腹、收臀部、收下颚，头向上顶。

三挺一睁：即挺膝、挺胸、挺颈、睁眼。

八股劲：即脚的蹬劲、两膝向后的绷劲、两腿向内的合劲、小腹臀部的收劲、两肩向后的张劲、两手的贴劲、颈部的硬劲、头向上的顶劲。

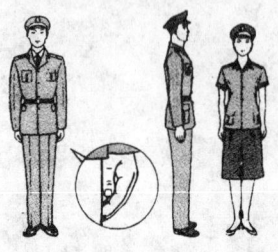

徒手立正姿势

1. 两脚跟没有靠拢并齐，方向不正。两脚尖分开大于或小于60°。
2. 两腿挺不直。
3. 挺肚子或撅臀部。
4. 上体不正，后仰，两肩不平，没有挺胸。
5. 两臂弯曲或外张。
6. 手腕不直，弓手背，手形不对。
7. 精神不振，两眼无神。
8. 头歪，颈不直，下颚未微收。

（二）跨立（即跨步站立）

口令："跨立。"

要领：左脚向左跨出约一脚之长，两腿挺直，上体保持立正姿势，身体重心落于两脚之间。两手后背，左手握右手腕，拇指根部与外腰带下沿（内腰带上沿）同高；右手手指并拢自然弯曲，手心向后。携枪时不背手。

训练方法与步骤：

跨立、立正互换练习

口令：互换练习，跨立、立正

要领：先立正，听到"跨立"口令，按照跨立的要领成跨立姿势，教员逐个检查纠正。听到"立正"口令，由跨立姿势换成立正姿势。

跨立姿势

训练要求：动作应快速有力，左脚移动与身体重心移动应协调一致。上体成立正姿势。胸要挺出，两大臂稍向后张，注意左手握右手腕，右手五指不得张开。

由跨立姿势换成立正姿势时，注意两手迅速松开，取捷径贴于裤缝，左脚向右靠拢时应有力，成立正姿势。

1. 左脚向左跨出的距离不准，过大或过小。
2. 左脚向左跨时，身体重心移动慢或没有移动。
3. 跨立后，胸未挺出，两大臂外张不够。
4. 右手手型不对。

队列术语

队形：军人、分队、部队等共同行动时，按条令规定所采取的列队形式。

列：军人在一条直线上，左右排列成的队形。

路：军人在一条直线上，前后排列成的队形。

（三）稍息

口令："稍息。"

要领：左脚顺脚尖方向伸出约全脚的三分之二，两腿自然伸直，上体保持立正姿势，身体重心大部分落于右脚。携枪（筒、炮）时，携带的方法不变，其余动作同徒手。稍息过久，可以自行换脚。

训练方法与步骤

画线练习：在地面上按规定的方向、距离划限制线，然后结合立正动作反复练习。

重点体会：出脚方向正、距离准，两脚挺直，上体保持立正姿势。

注意：身体重心大部分落于右脚；稍息出脚时，脚跟稍提起，脚腕稍用力，前脚掌迅速沿地面擦出。

> 1. 出脚方向不对。
> 2. 出脚距离过大或不够。
> 3. 出脚时弯腿、弓膝盖。
> 4. 出脚、收脚不迅速，身体重心没有移向右脚。

二、停止间转法

军语点击

停止间转法是停止间变换方向的方法。分为向右转、向左转、向后转。需要时，也可以半面向右（左）转。

（一）向右（左）转

口令：向右（左）——转。

要领：以右（左）脚跟为轴，右（左）脚跟和左（右）脚掌前部同时用力，使身体和脚一致向右（左）转90°，体重落在右（左）脚，左（右）脚取捷径迅速靠拢右（左）脚，成立正姿势。转动和靠脚时，两腿挺直，上体保持立正姿势。

半面向右（左）转，按向转的要领转45°。

右转姿势

队列术语

间隔：左右相邻军人（分队、车辆等）之间的空隙。

距离：前后军人（分队、车辆等）之间的空隙。

翼：队列的两端。左端为左翼，右端为右翼。

（二）向后转

口令：向后——转。

要领：按向右转的要领向后转180°。

训练方法与步骤：为便于掌握动作要领，应先练分解动作，后练连贯动作。

1. 分解动作练习

口令：分解动作，向右（左）——转，二。

分解动作，向后——转，二。

分解动作,半面向右(左)——转,二。

要领:听到口令,按向右(左、后)转的要领转向新方向,但不靠脚。听到"二"的口令,左(右)脚取捷径迅速靠拢右(左),成立正姿势。

训练要求:在转体时,两脚挺直,上体保持立正姿势,两臂不得外张,保持立正时的手型,裆部夹紧,注意脚跟和前脚掌同时用力,使身体和脚一起转动,身体重心落在轴心脚。前方脚注意掌握好方向,后方脚脚跟应摆正。靠脚时,两腿挺直,膝盖不得弯曲,取捷径,不要外扫或跺脚。

2. 连贯动作练习

口令:连贯动作,向右(左)——转。

连贯动作,向后——转。

连贯动作,半面向右(左)——转。

要领:听到动令,按规定的方向和动作要领完成动作。

训练要求:连贯动作练习应做到"四快"。即转体快、抓地快、跟体快、靠脚快;"一稳"身体稳;"一正"方向正。同时要掌握好节奏。

1. 抢口令,即动令未下,就开始转体。
2. 两脚没有挺直,靠脚时后方腿明显弯曲。
3. 转体时,两臂外张,上体不稳,身体重心没有落在轴心脚。
4. 靠脚时,无力、外扫、跺脚,两脚跟不在一线上。
5. 方向不正,两面脚转向新方向后分开大于或小于60°。

三、行进与立定

军语点击

行进,即向前迈进,其基本步法包括齐步、正步和跑步;另外还有便步、踏步和移步等辅助步法。齐步是军人行进的常用步法;正步主要用于分列式和其他礼节性场合;跑步主要用于快速行进。

(一)齐步与立定

口令:齐步——走。

　　　立——定。

队列术语

横队:按列排成的队形称为横队,其正面大于纵深。横队分为一列、二列、三列横队或根据实际情况确定。

纵队:按路排成的队形称为纵队,通常,其纵深大于正面。纵队分一路、二路、三路或四路以上的纵队。

训练要领与步骤:

第一步:听到"齐步——走"的口令后,左脚向正前方迈出约75 cm,按照脚跟、脚掌的顺序着地,身体重心前移,上体正直,微向前倾,两臂前后自然摆动,向前摆动时,肘部稍弯曲,小臂自然里合,手指轻轻卷握,拇指贴在食指第二节,手心向内稍向下,拇指跟部对准衣扣线,并与最下方衣扣线同高,离身体约 25 cm;向后摆臂时,手臂自然伸直,手腕前侧距裤缝线约 30 cm。

第二步:右脚照上动作。行进速度每分钟 116~122 步。

第三、第四步:左右交替行进。"立定"口令的"立"下在左脚,"定"下在右脚。

第五、第六步:自下达"立定"口令同时走第五、第六步。

第七步:听到"立定"的口令后,左脚向前大半步着地(脚尖稍向外张约 30°),两腿挺直,右脚取捷径迅速靠拢左脚,成立正姿势。

训练要点:

摆臂的定型定位和臂腿动作的协调自然。臂腿协调是动作的关键,强调出脚的同时摆臂,脚跟着地手摆到位,身体向前移(从脚跟到脚尖)时注意臂不要摆动。

练习时,强调军姿端正,摆臂自然,步幅、步速准确。可结合步幅线、秒表和乐曲进行训练。

训练要求:

齐步行进时,要精神振奋,姿态端正,臂腿协调,节奏分明。摆臂自然大方,定型定位、步幅、步速准确,两眼注视前方,要有勇往直前的精神。要求做到"脚跟先着地,脚腕稍用力,膝盖向后压,身体向前移"。

齐步姿势

立定时,两腿挺直,做到不弯腰,不外扫,不跺脚,靠脚要迅速有力,腿臂靠放一致。

1. 上体松,左右晃动。	2. 摆臂路线不正确。
3. 摆臂不自然、耸肩。	4. 臂腿不协调。
5. 脚尖着地方向不正。	6. 步幅、步速不准确。
7. 立定时身体后仰、弯膝。	8. 行进中两眼看地。
9. 立定时,臂腿不协调。	

(二)正步与立定

口令:正步——走。

　　　立——定。

要领:左脚向正前方踢出约 75 cm(腿要绷直,脚尖下压,脚掌与地面平行,离地面约 25 cm),适当用力使全脚掌着地,同时身体重心前移,右脚照此法动作。上体正直,微向前倾;手指轻轻握拢,拇指伸直贴于食指第二节。向前摆臂时,肘部弯曲,小臂略成水平,手心向内稍向下,手腕下沿摆到高于最下方衣扣约 10 cm 处(着夏季作训服时,约与第三衣扣同高;着冬季作训服,与第四衣扣同高),离身体约 10 cm;向后摆臂时(左手心向右,右手心向左),手腕前侧距裤缝线约 30 cm。行进速度 110~116 步/min。

训练方法与步骤:

1. 摆臂练习

口令:摆臂练习,一、二,停

要领:听到"摆臂练习,一"的口令,按要领右臂向前摆,左臂向后摆。听到"二"的口令,两臂交替摆动;听到"停"的口令,两手迅速放下(通常右臂在前时下达"停"的口令),恢复立正姿势。

主要要解决的问题：摆臂的路线、弯臂加速的时机及定位的准确。摆臂时，两臂要轻擦身体前后摆动，前摆时，当肘部超过身体前平面时屈肘，同时小臂加力上端，肘部前迎下压。将小臂摆至略平，使小臂与大臂略成直角。

摆臂的要领可归纳为："摆""直""松"。

摆——即以小臂带动大臂，按正确要领前后自然摆动；向后摆臂时，注意应先下手，后下肘。

直——即前摆定位后，小臂与大臂略成直角；后摆时臂要伸直。

正步姿势

松——即摆臂时肩关节和大臂要放松。

训练中可结合摆臂限制线、多功能检查尺等器材进行练习，首先掌握动作要领，并逐渐做到摆臂快、定位准。

2. 原地踢腿练习

口令：踢腿练习准备，左（右）脚练习，一、二、停。

要领：听到"原地踢腿练习，准备"的口令后，两手后背（左手在上握右臂，右手在下托左肘），同时两脚尖并拢。听到"左脚练习"的口令后，左脚跟离地，脚尖上翘，靠在右脚跟内侧，听到"一"的口令，左脚按要领迅速踢出；听到"二"的口令，左脚迅速收回，使脚内侧弯曲部位靠在右脚跟内侧，尔后按"一、二"的口令依次反复进行。听到"右脚练习"的口令后，进行交换（即左脚着地，右脚抬起）。听到"停"的口令，两手放下，恢复立正姿势。

主要要解决的问题：踢腿的速度、力量、定位以及上体稳固。

踢腿的要领可归纳为："踢""压""挺""端"。

踢——即在踢腿时，将力量集中到脚上，按脚带动小腿、小腿带动大腿的顺序向前猛力踢出。

压——即向前踢腿时，边踢边压脚尖，使脚掌与地面平行。

挺——即支撑腿和腰杆挺直，收小腹，头部向上顶，胸部稍向前倾，以控制身体的平衡。

端——即腿踢出后，大腿稍向上端（提臂）以控制踢腿的高度，使其定位。

训练中可结合踢腿高度线、沙袋、检查尺等器材进行练习，正确掌握动作要领，做到踢腿快、姿态稳、定位准。

队列术语

伍：成数列横队时，前后排队的军人称为伍。各伍人数与列数相等时叫满伍，人数少于列数的叫缺伍。**基准战士**（基准分队、基准车）：按规定列队站在排头的或指挥员指定的军人（分队、车辆）。

3. 一步两动练习

一步两动练习分为背手一步两动和臂腿结合一步两动两种。

口令：一步两动，正步——走、二、停。

要领：听到"一步两动，正步——走"的口令后，左脚迅速踢出后停住，同时右臂前摆左臂后摆；听到"二"的口令后，左脚着地，右脚迅速前跟（此时右脚跟离地并下蹬，腿伸直，脚尖上翘，弯曲部位靠在左脚跟内侧），两臂不摆动，尔后按"一、二"的口令反复练习。

主要要解决的问题:背手一步两动主要是解决行进间踢腿的力量、速度、脚着地的力量以及跟体、跟腿的速度。臂腿结合的一步两动主要解决臂腿结合的时机及动作的协调。

臂腿结合要领可归纳为:踢腿摆臂要同时,脚跟定型手到位,着地用力臂不动,跟体跟腿要迅速。

训练时可结合步幅线、沙袋等器材训练,应做到"三快一稳",即踢腿快、着地快、跟体跟腿快、上体稳。

4. 一步一动练习

一步一动练习分为背手一步一动和臂腿结合一步一动两种。

口令:一步一动,正步——走、二、停。

要领:听到"一步一动,正步——走"的口令,左脚迅速踢出后停住,同时两臂摆动;听到"一"的口令后,左脚着地,右脚踢出两臂随之摆动,依次反复练习。听到"停"的口令,动作同一步两动。

主要要解决的问题:臂腿动作的协调及行进的节奏。

训练时应做到:收腹挺腰,摆臂踢腿定型定位,着地有力不回拖,臂腿结合紧密、协调。

5. 快慢步练习

口令:快慢步,正步——走,二、停。

要领:听到"快慢步,正步——走"的口令,左脚迅速踢出后着地,右脚靠左脚后三分之一处,踢腿的同时,两臂摆动;听到"二"时,右脚照此法动作,交替进行。听到"停"的口令,动作同一步两动。

主要要解决的问题:行进间臂腿结合的时机及协调。

练习时应做到:踢腿迅速,稍稳再着地,并同时摆臂。练习时可结合步幅线、沙袋等器材。

6. 连贯动作练习

主要要解决的问题:行进间臂腿动作的协调和步幅、步速的准确。

训练要求:练习时应强调腰往上拔,上体挺直,头上顶,面部表情自然,踢腿迅速,着地有力,臂腿结合紧密,协调一致,节奏分明。在训练中可结合步幅线、沙袋、秒表、等器材进行练习。

> **队列术语**
>
> **轴翼**:分队通过行进变换方向时,处于转弯内侧的一翼称为轴翼;另一侧为外翼。左转弯、左后转弯走时,轴翼在各列左端;右转弯、右后转弯走时,轴翼在各列右端。
>
> **步幅**:步的长度(由后脚脚尖到前脚脚尖的距离和两脚平行内侧间隔)。
>
> **步速**:每分钟行进的步数。

正步行进时,要军姿端正,神色从容,动作自然大方,节奏分明,摆臂定型定位,步幅、步速准确,要求做到"三快两稳一协调","三快"即踢腿摆臂快、着地快、跟体快;"两稳"即踢腿到位要稳,脚着地上体要稳;"一协调"即臂腿结合要协调自然。

1. 摆臂时耸肩。	2. 摆臂时外扫。
3. 踢腿时掏腿。	4. 踢腿时弓腿、端腿。
5. 踢腿无力,速度过慢。	6. 脚着地无力,上体不稳。
7. 上体后仰,步幅小,身体下坐。	8. 步速不准。
9. 步幅不准。	

（三）跑步行进与立定

口令:跑步——走。

要领:听到预令"跑步——",两手迅速握拳(四指卷握,拇指贴于食指第一关节和中指第二节),提到腰际,约与腰带同高,拳心向内,肘部稍向里合。听到动令"走",上体微向前倾,两腿微弯,同时左脚利用右脚掌的蹬力跃出约85 cm,前脚掌先着地,身体重心前移,右脚照此法动作。两臂前后自然摆动,向前摆臂时,大臂略直,肘部贴于腰际,小臂略平,稍向里合,两拳内侧各距衣扣线约5 cm;向后摆臂时,拳贴于腰际。行进速度170~180步/min。

训练方法与步骤:

1. 摆臂练习

口令:摆臂练习,准备,一、二,停。

要领:听到"摆臂练习,准备"的口令,两手迅速握拳提于腰际,听到"一"的口令,右臂前摆,左臂不动。听到"二"的口令,两臂交换摆动,尔后按"一""二"的口令依次反复练习。听到"停"的口令,两手迅速放下,恢复立正姿势。

主要要解决的问题:摆臂的路线和定位的准确。

练习时,握拳要迅速、准确,两臂摆动要自然。小臂内侧轻擦身体前后摆动,肘部适当内合不要外张。做到前不露肘,后不露手。

2. 第一步跃出练习

口令:一步跃出练习,跑步——走,停。

要领:听到"一步跃出练习,跑步——走"的口令,左脚按要领跃出并着地,听到"停"的口令,右脚靠拢左脚,同时两手放下,恢复立正姿势,尔后依次反复练习。

主要要解决的问题:一步跃出的距离、方向和跃出时用力的部位。

练习时,应做到听到预令时不弯膝、不抢跑,听到动令时上体不后仰。脚着地时,前脚掌先着地,着地后身体要稳,第一步跃出的距离要准。

跑步姿势

3. 五步一靠练习

口令:五步一靠练习,跑步——走,停。

军人格言

军人的生日是"八一";军人的乳名是"子弟兵";军人的胸怀叫"奉献";军人的灵魂叫"雄勇";军人的母亲叫"人民";军人的战友叫"兄弟";军人的性格叫"阳刚";军人的家训叫"忠诚";军人的荣誉叫"和平";军人的使命叫"胜利"。

要领:听到"五步一靠练习,跑步——走"的口令,按要领向前跑四步,第五步右脚向前大半步,收回左拳,右拳不摆动。听到"停"的口令,两手放下,同时右脚迅速靠拢,左脚恢复立正姿势。

主要要解决的问题:臂腿的协调和立定动作的准确。

练习时,要求做到听到预令抱拳快;听到动令跃出迅速。利用前脚掌蹬力前进,立定时,腿臂靠放一致。训练中结合步幅线,首先以齐步代跑步的五步一靠训练(即两腿按齐步要领前进,两臂按跑步要领摆动),而后进行跑步的五步一靠练习。

4. 综合练习

主要要解决的问题:臂腿动作的协调自然和步幅、步速的准确。练习时,可结合步幅线、秒表进行训练,以达到步幅、步速的准确,同时强调行进时动作要协调自然。

训练要求:跑步行进时,上体端正,两眼注视前方,利用前脚掌的弹力前进。臂腿协调自然。摆臂时,两拳不要上下打鼓,不左右围绕腹部摆动,肘部不得外张,做到摆臂不露肘,后摆不露手。立定时不垫步,不跨步,不弯膝,臂腿靠放要一致。

1. 听到预令弯膝,上体前倾过大。
2. 摆臂时上下打鼓或围绕腹部摆动。
3. 摆臂时,前后不到位。
4. 行进时,全脚掌着地或脚跟先着地。
5. 行进时,上体后仰或臀部下坐。
6. 立定时臂腿不协调。
7. 步幅、步速不准确。

(四)便步

便步用于行军、操练后恢复体力及其他场合。

口令:便步——走。

要领:用适当的步速、步幅行进,两臂自然摆动,上体保持良好姿态。

(五)踏步与立定

踏步用于调整步伐整齐。

停止间口令:踏步。

　　　　　立——定。

行进间口令:踏步——走。

　　　　　立——定。

踏步姿势

要领:齐步踏步时,两脚在原地上下起落(抬起时,脚尖自然下垂,面约15 cm;落下时,前脚掌先着地),上体保持正直,采用齐步或者跑步的摆臂要领摆动。跑步的踏步,听到口令,继续踏2步,再换齐步或者跑步行进。

军语点击

西点军校是美国第一所军事学校,位于纽约州西点,学校占地约 65 ha(公顷)。西点军校的校训是"责任、荣誉、国家"。它与英国桑赫斯特皇家军事学院、俄罗斯伏龙芝军事学院以及法国圣西尔军校并称世界"四大军校"。

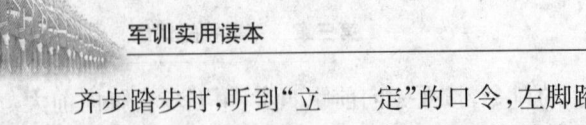

齐步踏步时,听到"立——定"的口令,左脚踏1步(左臂在前,右臂在后),右脚靠拢左脚的同时,双手放下,成立正姿势(跑步的踏步,听到口令,继续踏2步,再按上述要领进行)。

1. 脚抬起时脚尖不能自然下垂。
2. 脚着地移动或立定时跨步。
3. 踏步时膝盖外张。

(六)移步(5步以内)

移步用于调整队列位置。

1. 右(左)跨步

口令:右(左)跨×步——走。

要领:上体保持正直,每跨1步并脚1次,其步幅约与肩同宽,跨到指定步数停止。

2. 向前或后退

口令:向前×步——走。

后退×步——走。

要领:向前移步时,应当按单数步移。向前1步时,用正步或齐步的要领进行。向后退时,不摆臂,退到指定步数停止。

四、行进间步法变换与转法

军语点击

行进间步法变换是行进间由一种步法变换为另一种步法的队列动作,步法变换从左脚开始,分齐步与正步互换、齐步与跑步互换、齐步与踏步互换和跑步与踏步互换等几种变换方式。

行进间转法是行进间变换方向的方法,分别向右转走、向左转走和向后转走。

(一)行进间步法变换

1. 齐步、正步互换

要领:齐、正步行进时,听到"正(齐)步——走"的口令,右脚继续走1步,左脚即换正步或者齐步行进。

2. 齐步、跑步互换

口令:跑步——走,齐步——走。(动令落于右脚)

要领:齐步行进时,听到"跑步——走"的预令,两手迅速握拳提到腰际,两臂前后自然摆动;听到动令,左脚换跑步行进。跑步行进时,听到"齐步——走"的口令,继续跑2步,然后换齐步行进。

3. 齐步、踏步互换

口令:踏步、前进。(动令落于右脚,迈左脚)

要领:齐步行进时,听到"踏步"的口令,即从左脚开始踏步;踏步时,听到"齐步前进"的口令,继续踏2步,尔后左脚换齐步行进。

4. 跑步、踏步互换

外军语录

每个学员决不说谎、欺骗或者偷窃，也决不容忍其他人这样做。

——西点军校《荣誉制度》

给我任何一个人，只要不是精神病人，我都能把他训练成一个领导人。

——西点一位前任校长

口令：踏步、前进。（动令落于右脚）

要领：跑步行进时，听到"踏步"的口令，继续跑2步，然后换踏步（步速同跑步）。踏步时，听到"跑步前进"的口令，继续踏2步，尔后换跑步行进。

1. 腿臂不协调。

纠正方法：进行反复的分解动作练习，而后循序渐进由慢到快逐步细训。

2. 步法变换后步数不够准确。

纠正方法：在改变步法后有意识地放慢或加快速度。

（二）行进间转法

1. 齐步、跑步向右（左）

口令：向右（左）转

半面向右（左）转——走。

要领：左（右）脚向前半步走的方法，分向右（左）转、走（跑步时，继续跑2步，再向前半步），脚尖先向右（左）转约45°，身体向右（左）转90°，左（右）脚不转动，同时出右（左）脚按照原步法向新方向行进。半面向右（左）转走时，按照向右（左）转走的要领转45°。

2. 齐步、跑步向后转

口令：向后转——走。

要领：左脚向右脚前迈出约半步（跑步时，继续跑2步，再向前半步），脚尖向右约45°，以两脚的前脚掌为轴，向后转180°，出左脚按照原步法向新方向行进。

1. 脚方向不正。

纠正方法：转体的同时要练习脚尖向左（右）45°。

2. 转体时前脚掌移动。

纠正方法：转体的同时出脚，控制前脚不移动。

3. 转体时上体不稳，两臂外张。

纠正方法：转体时上体正直，保持重心平衡，臂围绕身体自然摆动，不得外张。

五、蹲下、坐下、起立

军语点击

蹲下：听到口令后，右脚后退半步，前脚掌着地，臀部坐在右脚跟上（膝盖不着地），两腿分开约60°，手指自然并拢放在两膝上，上体保持正直。

坐下：听到口令后，左小腿在右小腿后交叉，迅速坐下（坐在凳子上时，听到口令，左脚向左分开约一脚之长),手指自然并拢放在两膝上,上体保持正直。

起立:听到口令后,全身协力迅速站起,右脚靠拢左脚,成立正姿势。

训练方法与步骤:

练习时,可先作分解动作,后作连贯动作。

1. 坐下,起立

口令:分解动作,坐下,二;起立,二。

动作要领:听到口令"分解动作,坐下",左小腿在右小腿后交叉;听到"二"的口令,迅速坐下。听到"起立"的口令,迅速起立不靠腿;听到"二"的口令,右腿靠拢左脚成立正姿势。

2. 蹲下,起立

口令:蹲下、二;起立、二。

动作要领:听到"蹲下"的口令,右脚后退半步,前脚掌着地;听到"二"的口令,迅速蹲下,臀部坐在右脚跟上,手指自然并拢放在两膝上,上体保持正直。蹲下过久可自行换脚。听到"起立"的口令,全身协力迅速起立;听到"二"的口令,右脚靠拢左脚成立正姿势。

坐下姿势

蹲下姿势

训练要求:

(1) 坐下时,上体正直,姿态端正;起立时,手不扶地,右脚靠拢左脚迅速。

(2) 蹲下时,右脚后退半步时动作迅速,距离准确,前脚掌着地,两腿挺直,上体后移快,蹲下迅速,臀部确实坐在右脚跟上,上体保持正直。

(3) 起立时身体重心前移快,两腿挺直,靠腿迅速。

---

1. 坐下、蹲下时上体不正直。

纠正方法:强调上体正直,挺胸,收下颌。

2. 蹲下时两腿分开的角度不准确。

纠正方法:反复检查,反复体会动作要领。

六、脱帽、夹帽、戴帽与整理着装

(一) 脱帽

口令:脱帽

要领:双手捏帽檐或者帽前端两侧,将帽取下,取捷径置于左小臂,帽徽向前,掌心向上,四指扶帽檐或者帽前端中央处,小臂略成水平,右

脱帽姿势

手放下。

外军语录

放眼这个国家的每一所学校,没有谁比西点军校蕴含更多美国式的特点;用恰当的话语形容,没有谁更能比西点军校体现出绝对意义上的民主。在这里,我们对小伙子们的出身、信仰、社会地位冷漠之至;在这里,我们只关注你们自身为他人所能认可的价值。

——西奥多·罗斯福

(二) 夹帽

口令:夹帽

要领:双手捏帽檐或者帽前端两侧,将帽取下,取捷径置于身体左侧,左手握帽檐,帽徽向前,帽顶向左,左臂自然伸直,右手放下。

(三) 戴帽

口令:戴帽

要领:双手握帽檐或者帽前端两侧,取捷径将帽迅速戴正。

训练方法及步骤:

1. 脱帽分解动作练习

口令:"分解动作,脱帽"、"二"、"三"

要领:听到"脱帽"的口令,两手捏帽檐或帽前端两侧;听到"二"的口令,将帽取下,置于左小臂;听到"三"的口令,右手放下。

2. 戴帽分解动作练习

口令:"分解动作,戴帽"、"二"、"三"

要领:听到"戴帽"的口令,右手迅速捏帽檐或帽前端右侧;听到"二"的口令,将帽迅速戴正,听到"三"的口令,两手放下,成立正姿势。

3. 连贯动作练习

按脱帽、戴帽的口令和要领反复练习。

训练要求:

(1) 脱帽、戴帽时,上体要保持良好的军姿(腰杆挺直,自然挺胸,头正直上顶,表情自然)。

(2) 掌握脱帽过程。脱帽时,两手迅速抬起,捏住帽檐两侧(拇指在下,余指在上,手心相对,两肘间距约与肩同宽);稍稳后,两手将帽向上推至帽檐下沿与头顶平齐,再向前、向下取捷径置于左小臂上(左小臂略平,正对前方,肘部贴于腰际;掌心向上,拇指卷握于帽檐下面,余指并拢扶于帽檐上面中央处,帽徽正对前方),稍稳后右手放下。

(3) 掌握戴帽过程。戴帽时,右手取捷径捏住帽檐右侧(左臂不动);稍稳后,两手将帽取捷径推至头上方(同时左手移握帽檐左侧),向下将帽戴正;稍稳后,两手放下成立正姿势。

(4) 把握好动作节奏。做脱帽、戴帽动作时,要动静分明,快慢有致,节奏明显。

1. 脱帽、戴帽时,歪头、低头。

纠正方法:强调上体正直,挺颈,收下颌,保持头不动。脱帽时,先将帽向上推过头顶,再向前、向下拉到位;戴帽时,先将帽取捷径推至头上方,再向下拉到位。

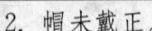

军训实用读本

2. 帽未戴正。

纠正方法：两手迅速将帽戴上,利用稍稳的时间将帽戴正,再将手放下。

3. 脱帽后,左小臂的动作不准确。

纠正方法：左小臂略平,正对前方,肘部贴于腰际；掌心向上,拇指卷握于帽檐下面,余指并拢扶于帽檐上面中央处；帽徽正对前方。

4. 脱帽、戴帽不迅速、没节奏。

纠正方法：按动作要领和要点反复练习。

（四）整理着装

整理着装,通常在立正的基础上进行。

口令：整理着装。

要领：双手从帽子开始,自上而下,将着装整理好。必要时,也可以相互整理。整理完毕,自行稍息。听到"停"的口令,恢复立正姿势。

训练要求：

（1）整理着装时,要姿态端正,目视前方。

（2）整理着装要从帽子开始,按自上而下的顺序,依次完成。

（3）整理着装时,两手的动作要自然大方、节奏分明。

1. 整理着装时,上体变形。

纠正方法：强调上体始终保持立正姿势。

2. 动作不迅速。

纠正方法：按自上而下的顺序反复练习,强调动作要简洁迅速、节奏分明。

3. 整理完结后,有的部位没有整理好。

纠正方法：强调按自上而下的顺序依次完成,两手动作要简洁有效,每个部位要一次性整理好。

七、敬礼、礼毕

军语点击

敬礼是表示军人相互间团结友爱,表示部属与首长、下级与上级的互相尊重。敬礼分为举手礼、注目礼和举枪礼。

（一）举手礼

口令：敬礼

要领：上体正直,右手取捷径迅速抬起,五指并拢自然伸直,中指微按帽檐右角前约2 cm处（戴无檐帽或者不戴军帽时,微接太阳穴,与眉同高）,手心向下,微向外张（约20°）,手腕不得弯曲,右大臂略平,与两肩略成一线,同时注视受礼者。

（二）注目礼

要领：面向受礼者成立正姿势,同时注视受礼者,并目迎目送（右、左转头角度不超

48

过 45°)。

(三) 礼毕

口令：礼毕

要领：行举手礼者，将手放下；行注目礼者，将头转正。

训练要求：

(1) 敬礼、礼毕时，着装整齐，姿态端正，精神振奋，表情自然。

(2) 行举手礼时，做到一快、两稳、三条线。

一快：右手迅速抬起，取捷径到位。

两稳：右手抬起时身体要稳，保持头和上体不动；右手抬起一次到位并稳住，不要晃动。

三条线：右手抬到位后，右大臂略平，与两肩略成一线；右手腕挺直，手掌与小臂略成一线；身体上拔，从头到脚上下成一线。

举手礼

(3) 行注目礼时，注意三点：一是头正直上顶，水平转动；二是左、右转头角度不超过 45°；三是注视受礼者时，两眼有神，眼球居中。

(一) 举手礼

1. 敬礼时歪头。
2. 右手抬起迅速，划弧。
3. 手腕弯曲，手心外张过大。
4. 右大臂不平，与两肩未成一线。
5. 右手抬起后不到位、不稳。

(二) 注目礼

1. 转头角度过大。
2. 仰头、斜视。

八、班的基本队形、集合、解散

> **军语点击**
>
> **班的基本队形**分为班横队、班纵队。需要时也可分为班二列横队和班二路纵队。
>
> **集合**是使单个军人、分队、部队按照规范队形聚集起来的一种队列动作。
>
> **离散**是使列队的单个军人、分队、部队各自离开原队列位置的一种队列动作。
>
> 离散分离开和解散，班通常只进行解散。

(一) 班的队形

班横队时，相邻战士两肘之间的间隔约为 10 cm；班纵队时，前一名战士脚跟至后一名战士脚尖距离约为 75 cm。需要时，可以调整队列人员的间隔和距离。

要领：

(1) 横队时，队列人员排列整齐并保持规定的间隔（约 10 cm），指挥位置与队列约成等边三角形（班长位于队列中央前 5~7 步处）。

(2) 纵队时，队列人员前后对正，并保持距离（约 75 cm），指挥位置在队列中央前（距离基准兵 3~5 步）。

训练要求：

(1) 站横队时，基准兵在右，其他士兵依次向左排列，站成班横队，并保持好规定的间隔。要注意"三线"的整齐。"三线"即脚跟线、胸线和下颌线。

（2）站纵队时，基准兵在前，其他士兵依次向后排列，站成班纵队，并保持好规定的距离。要注意前后对正，指挥员的指挥位置要准确。

```
     班长
      ○
      ○
      ○
      ○                           班长
      ○                            ○
      ○                            ○
      ○           ○ ○ ○ ○ 班长      ○ ○
⊖○○○○○○⊖    ○ ○ ○ ○          ○ ○
副班长     班长  副班长               副班长           ⊖ ⊖
                                    副班长
   班横队      班纵队    班二列横队    班二路纵队
```

（二）集合与离散

口令与要领：

（1）集合时，班长发出预告后，要略加停顿，尔后选定方向（位置），成立正姿势下达口令。

（2）全班听到预告或者信号，原地面向班长成立正姿势。听到"集合"口令，基准兵选择位置要准确，并迅速到位，其他士兵的动作也要迅速。跑步到相应位置面向班长集合，自行对正、看齐，成立正姿势。

（3）队列人员听到"解散"的口令后，应当迅速离开原列队位置。

训练要求：

（1）听到"成班横队（一列横队）——集合"的口令，基准兵迅速到班长左前方适当位置，成立正姿势；其他军人以基准兵为准，依次向左排列，自行看齐。

成班二列横队时，单数军人在前，双数军人在后。

（2）听到"成班纵队（一路纵队）——集合"的口令，基准兵迅速到班长前方适当位置，成立正姿势；其他军人以基准兵为准，依次向后排列，自行对正。

成班二路纵队时，单数军人在左，双数军人在右。

（3）解散时，全班人员听到"解散"的口令后，要迅速离开原位置，向四面散开。

九、整齐、报数

> **军语点击**
>
> **整齐**是使队列人员按照规定的间隔和距离保持行列齐整的一种队列动作。整齐分为向右、向左和向中看齐。
>
> **报数**是队列人员按横队从右至左（纵队由前向后）的顺序依次以短促洪亮的声音转头报数，最后一名不转头。

（一）整齐

口令与要领：

(1) 听到"向右(左)看齐"的口令,基准兵不动,其他军人迅速向右(左)转头,眼睛看右(左)邻军人的腮部,以小碎步取齐,前四名能通视基准兵;自第五名起,以能通视到本人以右(左)第三人为度。

(2) 听到"向前看"的口令,迅速将头转正,恢复立正姿势。

(3) 听到"以×××为准"(或者以第×名为准)时,基准兵答"到",同时左手握拳高举,大臂前伸与肩略平,小臂垂直举起,拳心向右;

(4) 听到"向中看——齐"的口令后,其他军人按照向左(右)看齐的要领实施。

(5) 听到"向前——看"的口令后,基准兵迅速将手放下,其他军人迅速将头转正,恢复立正姿势。

纵队看齐时,可以下达"向前——对正"的口令。基准兵不动,其他军人迅速向前对正。

(二) 报数

听到"报数"的口令,横队从右至左(纵队由前向后)依次以短促洪亮的声音转头(纵队向左转头)报数,最后一名不转头。

训练要求:

(1) 整齐时,基准兵的方向要正,其他士兵转头要快、准、齐。身体其他部位要保持立正姿势。看齐时,用小碎步迅速调整。

(2) 横队看齐时,要求做到"三线"整齐,即脚跟线、胸线和头线。

(3) 纵队看齐时,要求做到前后对正,纵线要直。

(4) 报数时,正直转头(约45°)要依次按顺序连贯进行,转头动作要迅速、准确,声音短促、洪亮。

十、出列、入列

军语点击

出列:单个军人和分队通常用跑步(5步以内用齐步,1步用正步),或者按照指挥员指定的步法执行,离开队列,到达指挥员右前侧适当位置或者指定位置,面向指挥员成立正姿势。

入列:按指挥员口令,依出列的相反程序进入队列。

因故出、入列要报告,须经允许方可。

(一) 出列

口令:"××同志(或第×名),出列"。

要领:出列军人听到呼点自己的姓名(序号)后应答"到",听到"出列"口令后应答"是"。

(1) 位于第一列(左路)的军人,按照上述要领,取捷径出列。

(2) 位于中列(路)的军人,向后(左)转,待后列(左路)同序号的军人向右后退1步(左后退1步)让出缺口后,按照上述规定从队尾(纵队时从左侧)出列;位于"缺口"位置的军人,待出列军人出列后,即复原位。

(3) 位于最后一列(右路)的军人出列,先退1步(右跨1步),然后,按照以上规定从队尾出列。

(二) 入列

口令:"入列"。

要领:听到"入列"口令后应答"是",然后,依出列的相反程序入列。

训练要求:

(1) 出、入列时,要求做到动作标准,出入列位置适当,回答词短促、洪亮。

(2) 出、入列时,口令要准确、清楚、洪亮,以便于实施。出、入列时,应按答"到"、"是"、转体、跑步、立定、转体的顺序进行;入列时,到位后主动向右翼兵标齐,基准兵向左邻士兵标齐。向左、右邻士兵标齐时,左、右邻士兵应自行立正,待标齐后,再自行稍息。

十一、行进、停止

> **军语点击**
>
> **行进**,是队列按照指挥员口令,向一定方向前进。班横队行进,以右翼为基准;班纵队行进,以先头为基准。
>
> **停止**,是队列按照指挥员口令,由前进转为静止状态。

(一) 行进

口令:"×步——走"。

要领:基准兵向正前方前进,其他士兵向右翼标齐,保持规定的间隔、距离行进。

纵队行进时可成一、二路纵队行进,行进中可用"一、二、一"、"一、二、三、四"的口令调整步伐。

(二) 停止

口令:"立——定"。

要领:听到口令,按照立定的要领实施,停止后,听到"稍息"的口令,先自行对正、看齐稍息。

训练要求:

(1) 行进中要做到,头向正上方顶劲,胸向前上方顶,腰部挺直,要有一种平稳向上的意识。

(2) 基准兵照直前进,保持好前进方向,其他士兵向基准兵标齐,保持好规定的间隔或距离。

> 1. 排面不齐:口令纠正其上体要稳,第×名稍向前或稍向后。
> 2. 摆臂手线不齐:口令纠正第×名手稍高或稍低。

十二、队形与方向变换

> **军语点击**
>
> **队形变换**是由一种队形变为另一种队形的队列动作。班的队形变换包括:停止间队形变换和行进间队形变换。停止间队形变换包括:班横队与纵队间互换,班横队和班二列横队互换,班纵队与班二路纵队互换。行进间队形变换只进行班横队与班纵队的互换。
>
> **队方向变换**是改变队列面对方向的一种队列动作。通常分为横队方向变换和纵队方向变换。

（一）停止间队形变换

1. 班横队变班纵队

> **军队语录**
> 1.适应环境,而不是让环境适应你！2.历经严酷的训练是完善自我的必由之路；3.速度决定成败；4.失败者任其失败,成功者创造成功；5.没有什么不可能——"没有办法"或"不可能"常常是庸人和懒人的托辞。

口令：

横队变纵队。停止间口令：横队变纵队,向右——转。

纵队变横队。停止间口令：纵队变横队,向左——转。

要领：班横队变为班纵队时,班长应先跑步到预定队形中央前,成立正姿势,面向队列,尔后下达"向右——转"的口令。全班人员听到口令后,按照单兵队列动作向右转的要领实施。由班纵队变为班横队时,班长先跑步进到队形左侧中央前,面向队列下达"向左——转"的口令,由班纵队变成班横队,向左转时要按照单兵队列动作向左转的要领实施。

2. 班横队变班二列横队

口令：成班二列横队——走。

要领：班横队变为班二列横队前,先报数。尔后班长位于预定队形中央前,下达"成班二列横队—走"的口令,双数士兵右脚后退一步,右脚(不靠拢左脚)向右跨一步,左脚向右脚靠拢,站到单数士兵之后,自行对正、看齐。

3. 班二列横队变班横队

口令：间隔一步,向左离开,成班横队——走。

要领：听到"间隔一步,向左离开"的口令后,取好间隔；听到"成班横队—走"的口令后,双数士兵左脚左跨一步,右脚(不靠拢左脚)向前一步,左脚向右脚靠拢,站到单数士兵左侧,自行看齐(指挥员或班长根据队形的变换情况,应先变换指挥位置,位于队形中央前)。

4. 班纵队变班二路纵队

口令：成班二路纵队——走。

要领：变换前先报数,听到口令后,双数士兵左脚右跨半步,左脚(不靠拢右脚)向前一步,右脚向左脚靠拢,站到单数士兵右侧,自行对正,看齐。

5. 班二路纵队变班纵队

口令：距离两步,向后离开,成班纵队——走。

要领：

听到"距离两步,向后离开"的口令,取好距离；听到"成班纵队—走"的口令后,双数士兵右脚后退一步,左脚(不靠拢右脚)站到单数士兵之后,自行对正。班二路纵队变班纵队时,指挥员应先右跨半步。

（二）行进间队形变换

口令：横队变纵队：向右转——走。

纵队变横队：向左转——走。

要领：在行进间横队与纵队互换时,班长应先跑步到预定队形中央前,下达"齐步——

走"的口令,然后再下达变换队形的口令。

全班士兵按单兵队列动作行进间转法向右(后、左)转走的要领实施。

训练要求:

(1) 队形变换时,班长的指挥位置要准确,口令要清楚、洪亮、及时。

(2) 变换队形时,不能反排面行进;横队变纵队时应向右转(向右转——走);纵队变横队时应向左转(向左转——走)。

(3) 班横队与班二列横队、班纵队与班二路纵队互换时,双数士兵跨步向前或向后退一步(不靠脚)时要直角进到单数士兵的后面或者右侧,并取好间隔、距离,自行对正、看齐。

(4) 停止间变换队形前,取好间隔或者距离,队列人员要保持上体军姿不变形,以小碎步快速取好间隔或距离。

(5) 停止间队形变换后的看齐,要在靠脚之后进行。横队向右转头,以小碎步迅速看齐,纵队以小碎步迅速对正,并取好距离(班二路纵队时,看齐后由前至后自行将头转正)。

(6) 行进间队形变换时,全班人员在行进中保持上体平稳、精神振奋,同时用两眼的余光标齐排面。纵队行进时,向前对正,保持好规定的距离。

(三) 方向变换

1. 停止间班队列方向变换

(1) 班横队方向变换

口令:左(右)转弯,齐(跑)步——走。

要领:班横队方向变换时,听到"左(右)转弯,齐(跑)步——走"的口令后,轴翼士兵踏步,并逐渐向左(右)转动,外翼第一名士兵用大步行进并同相邻士兵动作协调,逐步变换方向(愈接近轴翼者,其步幅愈小),其他士兵用眼睛的余光向外翼取齐,并保持规定的间隔和排面整齐,转到90度时踏步并取齐,听到"立——定"的口令后原地立定。

(2) 班纵队方向变换

口令:左(右)转弯,齐(跑)步——走;

左(右)后转弯,齐(跑)步——走。

要领:班纵队方向变换时,基准兵在左(右)转弯时,按照单兵行进间转法的要领实施,用小步边行进边变换方向,转到90°或者180°后,照直前进;其他士兵逐次行进到基准兵的转弯处,转向新方向跟进。

2. 行进间班队列方向变换

(1) 班横队方向变换

口令:齐(跑)步——走,左、右转弯——走,前进,立——定。

要领:在齐步行进中,听到"左(右)转弯——走"的口令后,按照班横队停止间方向变换时的要领实施。转到90°时自行踏步,听到"前进"的口令后,按照新方向前进;听到"立——定"的口令后,按照齐步立定的动作要领实施。

> **外军语录**
>
> 1. 责任:决不推卸责任、敬业为魂、从小事做起、细节决定成败;
> 2. 荣誉:荣誉准则、荣誉即吾命、为自己奋斗;
> 3. 意志:决不惧怕失败、永不放弃、坚韧的品质、没有什么不可能。

(2) 班纵队行进间方向变换

口令：齐（跑）步——走，左、右（后）转弯——走，立——定。

要领：在齐步行进中，听到"左、右（后）转弯——走"的口令后，按照停止间班纵队方向变换的动作要领实施。基准兵在左、右（后）转弯时，按照单兵行进间转法的要领实施用小步边行进边变换方向，转到90°或者180°后照直前进；其他士兵逐次行进到基准兵的转弯处转向新方向跟进。听到"立——定"的口令后，按照齐步立定时的动作要领实施。

训练要点：

（1）班长的指挥位置

停止间班横队方向变换时，班长应先跑步到班横队的左（右）前方适当位置，成立正姿势，尔后下达变换方向的口令。行进间班横队方向变换时，班长应站在行进队列内侧便于指挥的位置，随其行进方向的变换而变换。

停止间班纵队方向变换时，班长应先跑步到班纵队的变换不向后的前方适当位置，成立正姿势，尔后下达变换方向的口令。行进间班纵队方向变换时，班长应站在行进队形内侧便于指挥的位置，随其行进方向的变换而变换，始终面向队列。

（2）班长的队列动作要规范，口令要清楚、及时、准确；全班人员的动作要协调、整齐一致。

（3）班横队方向变换时，应向轴翼靠拢，以外翼标齐，并保持规定的间隔，全班成关门式或扇形面行进，在行进中要保持排面的整齐。

（4）班纵队方向变换时，基准兵要掌握好方向、步幅、步速，其他士兵要注意对正并保持好规定的距离。

（5）班横队方向变换行进时，队列人员要用两眼余光标齐排面，不能左（右）转头，行进中保持良好的军姿、规定的间隔和行进的步幅、步速。具体做到"三准""三齐"。三准：间隔、距离准，步幅、步速准，方向角度准；三齐：全班人员动作齐，行进时的头线齐、胸线齐。

（6）班纵队方向变换要规范化，行进过程中向前对正成直线，不走捷径，不转头。

第二节　基础战术动作训练

一、基础战术动作

基础战术动作是指单兵在战斗中采用的基本姿势和运动方法，是单兵进行战斗的基本技能。熟练掌握单兵的基础动作，是正确利用地形、迅速隐蔽运动的前提。单兵基础战术动作是保存自己、消灭敌人的重要手段，是不被敌人发现和杀伤的最有效的方法。基础动作主要包括卧倒、起立、直身、屈身前进、匍匐前进、滚进和跃进。

卧倒

匍匐前进

跃进

> **军语点击**
> **卧倒**是在地形平坦或遮蔽物较低的情况下,隐蔽身体或观察射击时常用的姿势。
> **直身前进**是在距敌较远、地形隐蔽、遮蔽物高于人体或敌对我观察、射击不到时采用。
> **屈身前进**是在遮蔽物略低于人体时采用。
> **跃进**通常是在受到敌火力威胁的情况下,迅速通过开阔地时采用的运动方法。
> **滚进**通常是在为避开对方的观察、射击而左右移动或通过棱线时采用。
> **匍匐前进**通常是在受敌火力威胁的情况下,向较低的遮蔽物前进时采用。根据遮蔽物的高低,可分为低姿、高姿、侧身和高姿侧身四种。

(一)卧倒

卧倒是隐蔽身体、减少被敌火力杀伤的一种最低姿势,是单兵在战斗中最常用的动作。

口令:"卧倒。"

要领:左脚向右脚尖前迈出一大步,左腿弯曲,上体前倾,两眼注视前方,左手顺左脚方向伸出,掌心向下,手指稍向右,以左膝、左手、左肘着地,迅速卧倒;左小臂横贴于地面上,右手腕压在左手腕上;两手握拢,手心向下,两腿伸直,两脚分开与肩同宽,脚尖向外。卧倒时,也可右脚向前迈一大步,左手撑地迅速卧倒。

携枪(筒)卧倒时,右手提枪(筒)并握背带,其余要领同徒手卧倒;卧倒后,右手将枪(筒)轻贴于身体右侧,枪(筒)面向右(班用机枪向左),枪管放在左小臂上。

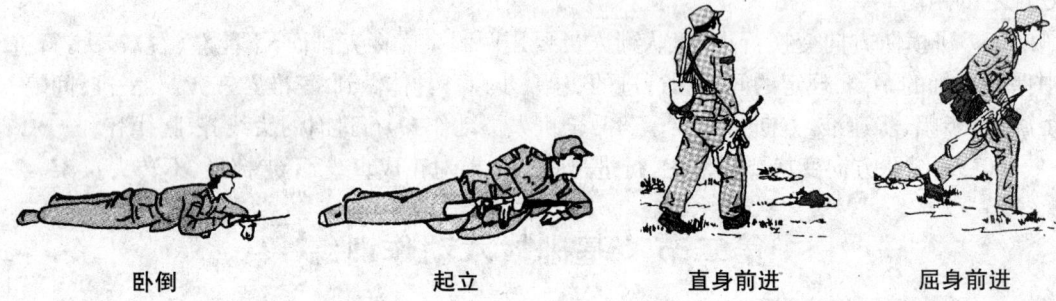

卧倒　　　　　　起立　　　　　　直身前进　　　　屈身前进

(二)起立

口令:"起立"

要领:转身向右,两眼注视前方,屈左腿于右腿下,左小臂稍向里合,以左手、左膝、左脚的支撑力将身体支起,右脚向前迈一大步,左脚再迈一步,右脚靠拢左脚的同时,成立正姿势。

携枪(筒)时,在转身向右的同时,右手提枪(筒)并握背带,然后按徒手要领起立,成持枪(筒)或肩枪(筒)立正姿势。

(三)直身前进

直身前进是在距敌较远,地形隐蔽,敌观察、射击不到时采用的运动方法。

口令:"向××——直身前进。"

要领:目视前方,右手持枪(筒),大步或快步前进。班用机枪、火箭筒副射手在射手左后侧 3～5 m 处跟进。

(四)屈身前进

屈身前进是在遮蔽物略低于人体时采用的运动方法。

口令:"向××——屈身前进。"

要领:目视前方,右手持枪(筒),上体前倾,头部不要高出遮蔽物,两腿弯曲(屈身程度视遮蔽物高低而定),大步或快步前进。

(五)匍匐前进

匍匐前进是在通过敌步枪、机枪、自动枪火力封锁的较短地段,或利用较低的遮蔽物前进时采用的运动方法。根据遮蔽物的高低,匍匐前进分为低姿、高姿、侧身和高姿侧身四种。

1. 低姿匍匐

在遮蔽物高约 40 cm 时采用。

口令:"向××——低姿匍匐前进。"

要领:腹部贴于地面,屈回右腿,伸出左手,用右脚内侧的蹬力和左手的扒力使身体前移;在移动的同时,屈回左腿,伸出右手,用左脚内侧的蹬力和右手的扒力使身体继续前移。这样依次交替前进。

携冲锋(步)枪时,右手掌心向上,枪面向右,虎口卡住机柄并握住背带,枪身紧靠右臂内侧;也可右手虎口向上,握住枪的上背带环处,食指卡住枪管,将枪置于右小臂上。

携机枪时,通常右手握住握把推枪前进,也可由正副射手协同推、拉枪前进。

携火箭筒时,右手握住握把或脚架顶端,将火箭筒置于右小臂上。副射手可采取背、推、拉背具的方法前进。

低姿匍匐

携机枪低姿匍匐

携火箭筒低姿匍匐

2. 高姿匍匐

高姿匍匐是在遮蔽物高约 60 cm 时采用的运动方法。

口令:"向××——高姿匍匐、前进。"

要领:用两小臂和两膝支撑身体前进。携枪(筒)方法同低姿匍匐,有时可将枪托(筒尾)向右,两手托握枪(筒)。火箭筒副射手可背背具或以两小臂托背具的方法前进。

高姿匍匐

侧身匍匐

高姿侧身匍匐

3. 侧身匍匐

侧身匍匐是在遮蔽物高约 60 cm 时采用的运动方法。

口令:"向××——侧身匍匐、前进。"

要领:身体左侧及左小臂着地,左大臂向前倾斜支撑上体,左腿弯曲,右腿收回,右脚靠近臀部着地,右手握枪(筒),用左臂的支撑力和右脚跟的蹬力使身体前移。火箭筒副射手可将背具夹于右肋或右手拉背具前进。

4. 高姿侧身匍匐

高姿侧身匍匐通常是在遮蔽物高 80～100 cm 时采用的运动方法。

口令:"向××——高姿侧身匍匐、前进。"

要领:左手和左小腿外侧着地,右手提枪(筒),以左手的支撑力和右脚掌的蹬力使身体前移。

(六) 跃进

跃进是在敌火力下迅速通过开阔地而采用的运动方法。跃进时要作到跃起快、前进快、卧倒快。跃进前,应先观察前方地形,选择好前进路线和暂停位置,尔后迅速突然地前进。

口令:"向××——跃进。"

要领:如卧姿跃起时,可先向左(右)移(滚)动,以迷惑敌人,冲锋(步)枪手应迅速收枪,同时屈左腿于右腿下,右手提枪,以左手、左膝、左脚的支撑力将身体支起,同时出右脚前进。机枪、火箭筒手跃起时,应以双手和左脚撑起身体,右脚向前一步,同时右手握护木(提把)迅速前进。前进时,右手持枪(火箭筒手右手提枪或右手握握把,用右臂夹住筒身,左手扶握筒口处,防止火箭弹滑出);火箭筒副射手背背具或右肩挎一侧的背具带,并将背具夹于右肋厂,目视敌方,屈身快跑。火箭筒、机枪副射手通常在射手左后侧 3～5 步处,与射手同时前进。跃进的距离和速度应根据敌火力和地形而定,敌火力越猛烈,地形越开阔,跃进距离应越短,速度应越快。每次跃进的距离通常为 15～30 m。当进到暂停位置或遭敌猛烈射击时,应迅速隐蔽或卧倒。卧倒时,左脚向前迈出一大步,身体下塌,左膝稍内合,按左膝、左手、左肘的顺序着地卧倒;也可右脚向前迈出一大步,左手撑地迅速卧倒。机枪、火箭筒手需要架枪(筒)卧倒时,可左手打开脚架,同时左脚向前迈出一大步,将枪(筒)对向目标,架在地上,两手在枪(筒)身左侧撑地,两脚同时后伸迅速卧倒。卧倒后,如无射击任务,则不握枪(筒),作好继续前进的准备。

(七) 滚进

滚进是在卧姿时,为避开敌人观察、射击而左右移动或通过棱线时采用的运动方法。

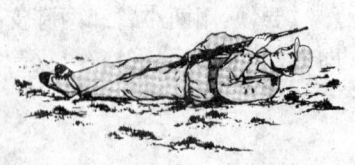

滚进

要领:将枪关上保险,左手握枪表尺上方,右手握枪颈附近或两手握上护木,枪面向右,顺置于胸、腹前抱紧,两臂尽量向里合,两脚腕交叉或紧紧并拢,全身用力向移动方向滚进。

运动中,也可在卧倒的同时向移动方向滚进。其要领是:左(右)脚向前迈一大步,左手在左(右)脚前着地,身体尽量下塌,右手将枪置于小臂内,身体向右(左)侧,枪面向右,在右(左)臂、肩着地的同时,向右(左)滚进。滚进时,右(左)脚伸直,左(右)脚微屈,滚进距离长时可两腿夹紧。

二、射击常识

(一) 武器常识

> **军语点击**
>
> **武器**分为轻武器和重武器。轻武器一般指枪械(手枪、冲锋枪、轻机枪、手榴弹)等;重武器一般指炮、炸弹、导弹(包括原子弹、氢弹)、坦克、军用飞机、军用舰船等。通常口径在 20 mm 以下的叫枪,20 mm 以上的叫炮。

> **军人格言**
>
> 立志,还要励志;放电,还要充电;公正,还要透明;公论,还要公平;
> 举一,还要反三;触类,还要旁通;厚积,还要薄发;一专,还要多能;
> 重情,还要重义;聪明,还要厚道。

1. 战斗性能

下面简单介绍与学生军训关系直接的部分轻武器。

(1) 手枪

手枪是一种单手发射的短枪。手枪分非自动手枪(如转轮手枪)和自动手枪两类。目前,我国常用的有 54 式、64 式、77 式半自动手枪。此外,还有一些特种手枪,如无声手枪、麻醉手枪、钢笔手枪、拐杖手枪等。手枪在 40~50 m 内射击效果最好。但 54 式手枪弹头飞行 500 m 后仍有很强的杀伤力;而 64 式和 77 式手枪弹头飞达 305 m 也仍有杀伤力。手枪的战斗射速约 30 发/min。

54 式　　　　　　64 式　　　　　　77 式

(2) 半自动步枪

半自动步枪是利用部分火药气体能量和弹簧伸张力自动完成退、送弹的单发发射的长管枪。

半自动步枪是装备最多的一种基本武器。它以火力、枪刺和枪托杀伤有生目标,有效射程一般为 400 m,集中火力可杀伤 500 m 以内的空降目标。现代半自动步枪口径小、枪身短、功能多、用途广,这样既减轻了单兵负荷,增大了携弹量,又保证了在设定距离内的杀伤效果。半自动步枪操作简便,结构简单可靠,射击精度高,有良好的火力机动性。目前,我国生产的半自动步枪主要有 56 式半自动步枪和七九式半自动步枪两种。

56 式半自动步枪是 1956 年式半自动步枪的简称。枪的口径为 7.62 mm,能自动退壳、送弹,并使击锤待发状态;能进行单发射击,但不能实施连发射击,故称为半自动步枪。它主要以火力、枪刺和枪托杀伤敌人,具有很强的杀伤力。56 式半自动步枪使用 56 式普通弹,弹头在 100 m 距离上,能射穿 6 mm 厚的钢板、150 mm 厚的砖、300 mm 厚的土层和 500 mm 厚的木板。

56 式半自动步枪　　　　79 式半自动步枪　　　　56 式冲锋枪

79 式半自动步枪是 1979 年式半自动狙击步枪的简称。1979 年式 7.62 mm 半自动狙击步枪是一种适合边防哨所和步兵狙击手使用的单兵武器,备有光学瞄准镜和机械瞄准具两套装置,采用半自动发射方式,机构动作可靠,具有射程远、精度高、杀伤力强等优点。主要用来杀伤 1 000 m 以内的单个目标,必要时装上可卸式刺刀可用来进行白刃格斗。

军人格言
尊人,才能尊己;厚德,才能载福;明理,才能解惑;正己,才能正人;
至真,才能至善;至善,才能至美;历练,才能精进;拼搏,才能进取;
见多,才能识广;自强,才能自立。

(3) 冲锋枪

冲锋枪是单兵使用的、枪身较短、比较轻便的自动武器,战斗射速约 100 发/min。冲锋枪具有轻便、弹匣容量大等特点。冲锋枪的主要射击方法是短点射(2~5 发),还可实施长点射(6~10 发)和单发发射,弹头飞行到 1 500 m 仍有杀伤力。我国目前使用的冲锋枪主要是 56 式冲锋枪和 79 式冲锋枪,可实施单发或连发射击,火力密度大,机构动作性能可靠的特点。

七九式冲锋枪　　　　捷克式轻机枪　　　　八一式步枪

56 式冲锋枪是 1956 年式 7.62 mm 冲锋枪的简称。56 式冲锋枪是近战歼敌的主要轻武器之一。它除了用火力杀伤敌人外,还可以用枪刺、枪托与敌人格斗。56 式冲锋枪在 400 m 以内对单个目标射击效果最好,集中火力可射击 500 m 以内敌人的飞机、伞兵和杀伤 800 m 内的集群目标。使用 56 式普通弹,在 100 m 距离上能射穿 6 mm 厚的钢板、150 mm 厚的砖墙。

79 式冲锋枪是 1979 年式 7.62 mm 冲锋枪的简称。79 式冲锋枪是特种部队使用的轻武器,构造简单,机件牢固,装有可折叠的铁枪托,体积小、重量轻、携带方便,可实施单发或连射,火力较强。79 式 7.62 mm 冲锋枪对 200 m 以内的有生目标能实施有力的杀伤。子弹在 200 m 距离上能穿透 130 mm 的松木板。

(4) 轻机枪

轻机枪是能连发射击的一种轻武器。它通常带有两只脚架,枪架或枪座。目前,我国军队使用的轻机枪主要是 56 式轻机枪。56 式轻机枪是 1956 年式 7.62 mm 轻机枪的简称。56 式轻机枪是班用的主要武器,一般情况下由正副两个射手协同操作,可进行点射和连射,战斗射速 150 发/min。在 800 m 距离内可以有效杀伤集群或单个目标,还可射击低空目标。对 500 m 内的单个目标射击效果最好。用普通弹在 200 m 距离上对 7 mm 厚低碳钢板射击的穿透率达到 80%。弹头最大飞行距离约 2 000 m,飞行到 1 500 m 仍有杀伤力。

(5) 自动步枪

目前我国军队所使用的基本上是我国自行研制的自动步枪。它包括:1981 年式 7.62 mm 步枪(木柄固定式枪托,简称 81 式步枪)和 1981 年-1 式 7.62 mm 步枪(金属可折叠式枪托,简称 81-1 式步枪)。

> **军人格言**
> 宽容,就是胸怀;宽容,也是美德。信念,就是意志;信念,也是信心。
> 运动,就是生命;运动,也是能力。信息,就是优势;信息,也是机遇。
> 知识,就是力量;知识,也是财富。

81 式和 81-1 式步枪都是单人使用的自动武器。它以火力、刺刀和枪托杀伤敌人。单发射击时,能有效杀伤 400 m 以内的单个目标;连发射击时,能有效杀伤 300 m 以内的集群目标。主要射击方法是单发射和短点射(2~5 发),还可实施长点射(6~10 发)。使用 1956 年式普通弹,其威力和杀伤效果与五六式冲锋枪的一样。

2. 有关武器的主要部件

下面对 1956 年式半自动步枪、1956 年式冲锋枪和 1981 年式步枪的主要部件作简单介绍。

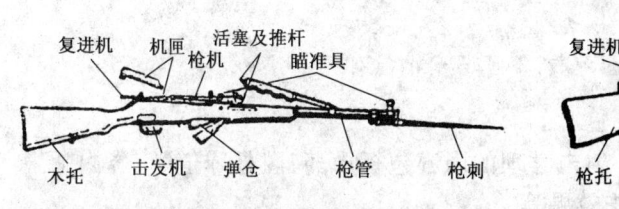

半自动步枪的大部机件

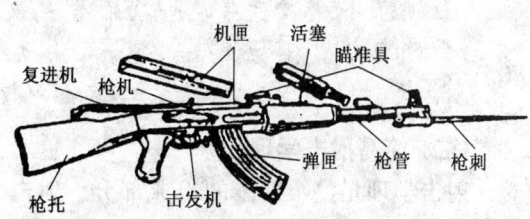

冲锋枪的大部机件

(1) 1956 年式半自动步枪

半自动步枪由枪管、枪刺(刺刀)、活塞及推杆、瞄准具、机匣、复进机、枪机、弹匣、击发机、枪托组成。另有一套附品。

(2) 1956 年式冲锋枪

冲锋枪由枪管、枪刺(刺刀)、瞄准具、机匣、活塞、枪机、击发机、复进机、弹匣和枪托十大部分组成。另有一套附品。

(3) 1981 年式 7.62 步枪

自动步枪由枪管、刺刀、活塞、瞄准具、枪机、机匣、复进机、击发机、弹匣和枪托组成。另加有一套附品。

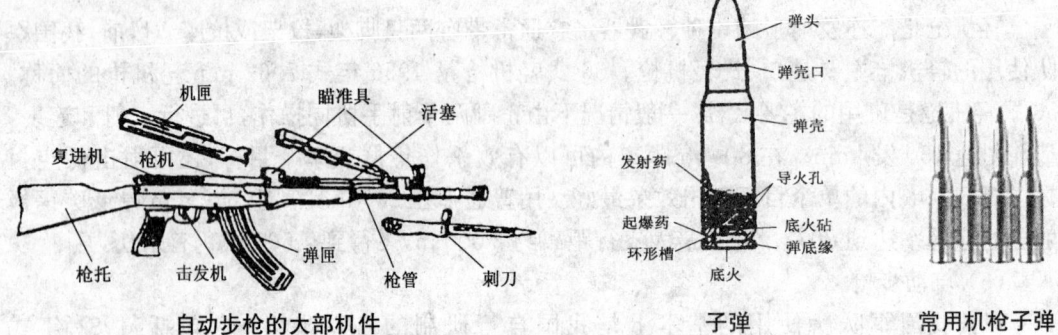

自动步枪的大部机件　　　　子弹　　　　常用机枪子弹

3. 子弹

（1）子弹的各部名称和用途

子弹由弹壳、弹头、底火和发射药组成。弹头，用以杀伤敌人；弹壳，用以装发射药并安装弹头和底火；底火，主要用来点燃发射药；发射药，则在燃烧后产生气体，推送弹头射出。

（2）子弹的种类、用途和标志

普通弹　用以杀伤敌人的有生力量。

曳光弹　主要用以作信号试射和指示目标。发射后它的轨迹呈红色和绿色，清晰明了。它命中干草能燃烧起火。曳光距离可达 800 m。弹头头部呈绿色，这是它的明显标志。

燃烧弹　主要用以引燃易燃物体。弹头头部呈红色，这是它的明显标志。

穿甲燃烧弹　主要用来射击飞机和轻装甲目标，并能在穿透装甲后引燃汽油等易燃品。弹头头部呈黑色，并有一道红圈。

另外，还有空包弹、教练弹等用于训练，不具有杀伤作用的辅助弹。

古代军事警句

1. 张而不弛，文武弗能也；弛而不张，文武弗为也；一张一弛，文武之道也（《礼记》）
2. 知己知彼，百战不殆（《孙子兵法》）
3. 兵者，国之大事，死生之地，存亡之道，不可不察也（《孙子兵法》）

（二）简易射击学理

射击学理是整个射击的组成部分。射击学理的内容包括火药、膛外弹道学、膛内弹道学、弹道、瞄准、命中公算、射弹散布、射击效果等。

1. 发射与后坐

（1）发射

火药气体压力将弹头从枪膛内推送出去的现象，叫发射。发射的过程是：撞针撞击子弹底火，使弹壳底缘内的起爆药燃烧，火焰通过导火孔引燃发射药，产生大量火药气体，在膛内形成很大的压力，迫使弹头脱离弹壳，沿膛线旋转加速前进，越来越快直至推出枪口，发射出去。

（2）后坐

发射时，武器向后运动的现象，叫后坐。

形成后坐的原因是：发射药燃烧时，产生大量的气体，同时作用于枪管的各个方向，而作用于膛壁周围的被能源壁所抵消；向前作用于弹头压力直接推动弹头前进；向后作用于弹壳底部的压力经过枪机传给整个武器，使武器向后运动，形成后坐。武器的后坐和弹头向前的运动是同时开始的。在弹头脱离枪口瞬间，大量的火药气体随弹头后部从膛内向外喷出，形成了很强的反作用力，这也使武器后坐更为明显。

后坐对连发射击的命中有一定的影响。连发射击时，第一发子弹发射后，由于枪的明显后坐变动了原来的瞄准线，所以对第二发以后的子弹命中有一定的影响。这就要求射手据枪要领要正确，适应连发武器射击时的后坐规律，力争减小后坐对连发命中的影响，以便提高射击精度。

2. 弹道及其形成

弹头脱离枪口在空气中飞行，其重心所经过的路线叫弹道（这里指膛外弹道）。弹头脱离枪口后，假如没有地心吸力和空气的阻力作用，它将保持其所获得速度，沿着发射线成匀速直线无止境地飞行。但实际上，弹头脱离枪口在空气中飞行的同时，要受到地心引力和空气阻力的作用，使弹道不会成为一条直线。由于地球引力和空气阻力的作用，弹头在空气中飞行时，一面受到地球的引力高度逐渐下降，一面受空气的阻力越飞越慢，在两种力作用下形成了一条升弧较长、较直，降弧较短，较弯曲且不均等的弧线。

在对敌射击时，要想百发百中，关键是取决于准确熟练地装定表尺分划和选择瞄准点。

3. 选定表尺分划和瞄准点的根据

各种武器的弹道高度不一样，而每种枪的弹道高在不同的距离上，也各有差别。因此必须熟记手中武器在不同距离上的弹道高，特别是要熟记常用表尺在各种距离上的弹道高。

瞄准点的根据：一是根据目标距离；二是根据目标大小；三是根据手中武器的弹道高。

4. 外界条件对射击的影响及修正

射击时，子弹因受到气流、气温和高低角的影响会改变弹道的形状；射手在瞄准时受阳光的影响会产生瞄准误差，影响射击精度。所以要准确地命中目标，就要掌握外界条件对射击影响的规律，学会修正和克服的方法。

下面重点谈谈修正风对射弹的影响。

风是一种具有速度的气流，其方向有时固定，有时不固定，它能改变子弹的飞行方向和距离。因此，必须准确地判定风向和风力，根据风对射弹的影响程度进行修正，以保证射弹准确命中目标。除要修正风向对射弹的影响外，还要注意克服阳光、气温、雨、雪、雾、霜等因素对射击的影响。

（三）射击动作

射击动作是实施瞄准射击的基础，它包括验枪、装（退）子弹、定复表尺和据枪、瞄准、击发。下面以五六式半自动步枪为例，说明射击动作。

1. 验枪

验枪是一项保证安全、预防事故的重要措施。在使用武器前、后或必要时，都必须验枪。验枪时，一定要检查弹膛、弹匣（仓、盒、鼓）和教练弹中有没有实弹。验枪时，严禁枪口对人。验枪的口令是：验枪；验枪完毕。

下面以五六式半自动步枪为例说明验枪过程。

验枪前射手成持枪立正站立姿势。听到"验枪"的口令后,以右脚掌为轴,身体半面成 45°向右转,左脚顺势向前迈出一步(两脚约与肩同宽),同时右手将枪向前送出,左手接握下护木,左大臂紧靠左肋,枪托贴于右胯骨,枪刺尖略与眼同高,右手打开弹仓盖后移握机柄。

指挥员检查时,拉枪机向后。等指挥员验过后,自行送回枪机,关上弹仓盖,打开保险,扣扳机,关保险,右手握枪颈。

听到"验枪完毕"口令后,右手移握上护木,同时左脚稍向左打,身体半面向左转,右脚靠拢左脚,恢复持枪立正姿势。

2. 装退子弹、定复表尺

装退子弹、定复表尺是射击前必须准备的工作。装退子弹有卧姿装退子弹、跪姿装退子弹、立姿装退子弹。这里仅介绍卧姿装退子弹。

下面以五六式半自动步枪为例,说明装退子弹和定复表尺。

口令:卧姿——装子弹;退子弹——起立。

听到"卧姿——装子弹"口令后,右手将枪提起稍向前倾,左脚向右脚尖方向迈出一大步(也可右脚顺脚尖方向迈出一大步),左手向左(右)脚尖方向伸出(掌心向下,手指稍向右),然后按左膝、左手、左肘的顺序卧倒,两腿伸直,用身体左侧、左肘支持全身,右手将枪向目标方向送出,左手接握表尺下方护木,枪托着地,枪面向上,把枪架好右手以拇指和食指拉枪机向后到定位。右手解开弹袋扣,取出一夹子弹,插入弹夹槽,用拇指将子弹压入弹仓内(如图)。单发装填时,应将第一发子弹压在左侧。取出弹

卧姿装子弹

夹装在弹袋内,送子弹上膛,关保险。以右手拇指和食指捏压游标卡尺,移动游标,使游标的前切面对正所需的表尺分划,右手握住枪颈,全身伏地,两脚分开大约与肩同宽,身体与射向约成 30°角,枪刺离地,眼盯前方,准备射击。

听到"退子弹——起立"口令后,稍向左侧身,右手拇指打开弹仓盖,其余手指接住落下的子弹,然后装入弹袋;拇指拉枪机向后,食指与中指配合接住从膛内退出的子弹。送回枪机,把子弹装入弹袋内并扣好,关上弹仓盖,打开保险,扣扳机,关保险,复表尺,移握上护木,将枪收回的同时,左小

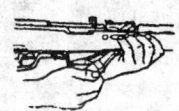

接住落下的子弹

臂向里合屈左腿于右腿下,用左手和两脚撑起身体,右脚向前一大步,左脚再向前一步,在右脚靠拢左脚的同时,恢复立正持枪姿势。

3. 据枪、瞄准、击发

(1) 据枪

据枪是操作枪的动作。它分为有依托据枪和无依托据枪;在姿势上分为立、跪、卧姿据枪。这里主要介绍卧姿有依托据枪的要领。

卧姿有依托据枪是基本的射击姿势。在战斗中,为得到良好的射击效果,应力求利用地物或临时构筑依托实施射击。依托物的高度应以射手的身体和当时、当地的地形地物条件而定,一般以 30 cm 为宜。但在紧急情况下,也要会利用不同高度的依托物实施射击。依托物不易过软或过硬,如果依托物过软或过硬时,要把左手垫在依托物上实施射击。

下面以五六式半自动步枪卧姿有依托据枪为例说明。

据枪时,将下护木放在依托物上,左手握表尺下方,手背紧靠依托物,也可将手垫在依托

物上,拇指和食指捏住护木凹槽的后端,并稍向下用力,左肘稍向里合确实着地,尽量使左小臂贴在依托上,右手握枪颈,手掌肉厚的部分紧贴枪颈外侧,食指第一节靠在扳机上(食指内侧与枪之间应留有间隙),右大臂略成垂直,与枪面保持水平,两手协力将枪托紧密而确实地抵于肩窝,头部稍向前倾,自然贴腮,使枪、身体、依托物自然协调地连成一个整体(如图)。这时,射手应当感到两肘、腹部着地确实;枪托抵肩确实;左手与依托物相接确实。上体肌肉放松;右手腕放松。整个身体感到舒适自然。

卧姿有依托据枪

甲　　　　　乙
准星与缺口的关系

（2）瞄准

瞄准是准确射击的前提,只有瞄得准,才能打得准。所以,学员必须刻苦练习,精益求精,真正掌握正确瞄准的技能。

正确瞄准的方法与要领：

在做好正确据枪后,右眼通视缺口和准星,使准星尖位于缺口中央并与上沿平齐(如图甲),指向瞄准点,这就完成了正确瞄准。正确瞄准应做到"三点"成一线,即"正",准星位于缺口正中央;"平",准星尖与缺口上沿平齐;"准",准确地瞄向瞄准点。正确瞄准的情况是:准星同缺口的平正关系看得比较清楚,而目标则看得比较模糊(如图乙)。

瞄准时,首先使瞄准线片段指向目标。若未指向目标,不要迁就而强扭枪身,必须再调整姿势。需要修正方向时,可左右移动身体或两肘。需要修正高低时,可前后移动整个身体或两肘里合、外张,也可适当调整依托物。同时,还应集中精力用于准星与缺口的平正关系上。如果把主要精力集中在准星与目标的关系上,就容易忽略准星与缺口的平正关系,使射弹产生较大偏差。

除上述之外,还要正确运用视力。眼睛观察物体一般在 5～8 s 内效果最好,10～15 s 后视力就逐渐减弱。因此,瞄准时间不要过长,以免造成视觉疲劳而产生瞄准误差。如果视力模糊、看不清目标时,不要用手擦眼睛,可稍停瞄准,进行短暂的休息(或远看,或闭眼等)后,再进行瞄准。

（3）击发

击发的动作要领是:右手食指第一节均匀正直地向后扣压扳机,其余手指握枪的力量不变。当瞄准线接近瞄准点时,开始预压扳机,并减缓减轻呼吸,当瞄准线指向瞄准点时,短暂停止呼吸,继续增加对扳机的压力,直到击发。击发瞬间应保持正确一致的瞄准姿势。如果要考虑击发时机、射击成绩等因素,就会造成心情紧张,产生耸肩或眨眼或猛扣扳机等错误动作,影响成绩。纠正时,就是按要领操作,把主要精力集中于准星和缺口的平正关系上,达到自然击发。在击发的瞬间,射手应该能够看见瞄准线的指向情况。

三、基础射击动作

立姿射击

跪姿射击

卧姿射击

仰姿射击

(1) 立姿射击:单手握枪,侧身单手握枪;双手正面握枪;双手侧身握枪。
(2) 跪姿射击:单腿跪姿双手握枪;双跪姿双手握枪。
(3) 卧姿射击:下蹲跨步卧姿射击;后撤卧姿射击。
(4) 仰姿射击:卧倒成仰姿;直接下蹲成仰姿。

四、利用地形

> **军语点击**
> **地形**是指地面高低起伏的状态和固定性物体。它对军队的作战行动有着重要作用。利用地形是战士的基本战斗技能,是单兵战术的基础。实战经验证明,在战斗中是否善于利用地形,对能否保存自己、消灭敌人有着直接的关系。

(一) 利用地形的目的与要求

1. 利用地形的目的

利用地形的目的,在于灵活恰当地运动、发扬火力、隐蔽和掩蔽自己。

灵活恰当地运动,是迅速逼近敌人的主要条件;发扬火力,是消灭敌人的重要手段;隐蔽和掩蔽自己,是进行防护借以防敌发现和遭敌火力杀伤的最有效的方法。三者是有机联系、相辅相成的。因此,在利用地形进行运动、射击和防护的行动中,应首先着眼于以积极的行动消灭敌人。只有消灭敌人,才能有效地保存自己。

2. 利用地形的要求

利用地形时,应做到:便于观察、射击和隐蔽身体;便于接近与离开;便于防敌地面和空中火力的杀伤。不要妨碍上级的指挥、邻兵的动作和火器的射击;不要拥挤在一起,以免增大伤亡。尽量避开独立、明显的物体和难以通行的地段。火箭筒手利用地形射击时,应考虑到尾翼张开时不受影响和喷管后的安全距离,特别是在火箭弹飞行的路线上不得有草木等障碍物,火箭筒后 30 m 内不得有人,以免受到伤害。

3. 利用地形的方法

利用地形时,应根据敌情、任务和遮蔽物的高低、大小取适当姿势,迅速隐蔽地接近,由下而上地占领,周密细致地观察,不失时机地出枪(筒)。对不便于射击的位置,应加以改造。通常按照接近、占领(利用)、离开三步骤进行,其要领是:

接近时,应根据任务缓急,敌火力强弱和遮蔽物的高低、大小,取适当姿势迅速隐蔽接近。当遮蔽物高约 60 cm 以下时,应在距遮蔽物适当距离(一般为 5~7 m)处卧倒,采取匍匐前进的方法接近。占领(利用)时,应做到由下而上占领、观察、出枪。情况紧急时,应直接占领,以便争取时间先敌开火。观察时,应由近至远,由右至左,隐蔽细致地观察。发现目标适时出枪射击。出枪的方法有两种:单手出枪和双手出枪。单手出枪是在地形较低时采用,其要领是:右手握住枪上护木,以虎口的压力和四指的顶力,将枪向目标方向送出。左手接握表尺下方,右手移握枪颈,打开保险,准备射击。双手出枪是在地物较高时采用,其要领是:左手握上护木,左肘前伸,右手握枪颈,两手协力将枪向目标方向送出。班用机枪手,应将脚架架在利用地物的背敌斜面的侧翼或直接架于顶端。火箭筒手应隐蔽地观察好目标,快速装弹后将筒架于顶端或一侧射击。

利用时,对各种地形通常利用其物体右侧或顶端为依托射击,特殊情况下也可利用左侧。对不便于射击的位置可视情况加以改造或变换射击位置。

离开时,应巧妙突然。在一地不宜停留过久,应根据情况和上级的命令,适当灵活地变换位置。变换时应选择有利时机,动作敏捷,以不规律的行动欺骗、迷惑敌人,采用不同的姿势和方法迅速隐蔽地离开。

4. 利用地形的部位和姿势

(1) 堤坎、田埂:通常利用其背敌斜面或残缺部位。火箭筒(机枪)手通常将筒(枪)脚架支在背敌斜面上,筒口距地面不小于 20 cm;若堤坎为纵向,则通常利用弯曲部或顶端一侧,依其高度取适当姿势。堤坎高于人体时,应挖踏脚孔或阶梯。如利用堤坎对空射击时,通常利用其曲部并根据其高度取不同姿势。

利用土坎射击

班用机枪手利用田埂卧姿射击

火箭筒手利用土坎跪姿射击

利用土坎立姿对空射击

（2）土（弹）坑、沟渠：通常利用其前沿，对纵向沟渠则利用其弯曲部。根据敌情和坑的大小、深度，以跳、滚、匍匐等方法进入坑内，并取适当姿势。对空射击时，以坑沿作依托或背靠坑壁进行射击。火箭筒手应利用坑的右前沿作依托，以防射击时喷火自伤。

（3）土堆（坟包）：通常利用独立土堆（坟包）的右侧，如视界、射界受限或右侧有敌火力威胁时，也可利用其左侧或顶端。双土堆（坟包）可利用其鞍部。对空射击时，通常利用其后侧或顶端。

利用土坎仰姿对空射击

利用土坑射击

利用土坑对空射击

军事名言

夫运筹策帷幄之中，决胜于千里之外，吾不如子房。镇国家，抚百姓，给馈饷，不绝粮道，吾不如萧何。连百万之军，战必胜，攻必取，吾不如韩信。此三者，皆人杰也，吾能用之，此吾所以取天下也（刘邦）

火箭筒手利用土坑射击

利用土包射击

第三章 军事技能训练

班用机枪手利用沟渠射击

利用土堆射击

火箭筒手利用土堆射击

班用机枪手利用土堆顶端射击

(4) 树木:通常利用其右后侧,根据树干的粗细取适当姿势。树干粗(直径 50 cm 以上),可取各种姿势;树干细,通常采取卧姿。取立姿时,应尽量将身体左侧、左臂、左膝紧靠树木,右脚稍向后蹬;对空射击时,可将左小臂抬高或身体左后侧紧靠树木。取卧姿时,应将左小臂紧靠树木或以树的根部为依托,两脚自然并拢,身体尽量隐蔽在树后侧。机枪手通常采取卧姿,根据树干粗细和地形情况,脚架可超过树干。火箭筒手卧姿射击时,应将筒口前伸超过树干或离开树干 20 cm 以上,以便使火箭弹脱离筒口时尾翼能张开。

利用树木立姿射击

利用树木立姿对空射击

利用树木卧姿射击

火箭筒手利用树木卧姿射击

军事名言

1. 一个将军不可缺少的品质是刚毅(塔西佗)
2. 一头雄狮率领着的一群绵羊会战胜一只绵羊率领的一群狮子(拿破仑)
3. 不想当将军的士兵不是好士兵(拿破仑)

(5) 高苗、丛林地：应尽量利用靠近敌方的边缘内侧，按其高低、稠密情况取适当的姿势。接近时，应注意观察，保持前进方向，利用空隙轻轻地拨开高苗或利用风吹草动的机会占领。

(6) 墙壁、墙角、门窗：按其高度取适当姿势。矮墙可利用顶端或残缺部；墙高于人体时，可将脚垫高或挖射击孔。

利用墙壁射击

班用机枪手利用围墙立姿射击

机枪手利用墙壁射击时，可将脚架折回（利用土墙时不宜折回，以免活塞进土发生故障）；对空射击时，通常利用其顶端作依托或背靠墙壁，依其高度取不同姿势。

墙角：通常利用其右侧，左小臂紧靠墙角，取适当姿势。接近后应注意潜听、观察，另一侧无敌人时再利用。如另一侧有敌人，应以手榴弹、抵近射击或刺刀将其消灭。火箭筒手利用墙角射击时，筒口距墙不小于 20 cm。

门：通常利用其左侧；

窗：可利用其左（右）下角。

(7) 石缝：通常利用其左侧，如受视界、射界限制时，可利用其右侧。

火箭筒手利用墙角卧姿射击

(8) 石洞：应利用洞口左右侧崖壁，可采取卧、跪、立等姿势。在洞内，则可利用拐弯处或突出部。

利用门跪姿射击

利用窗户跪姿射击

(9) 山脊：通常利用横向山脊的局部低凹处或残缺处。

军事名言

1. 良好的军事领导能左右周围事物,一旦他为周围的事物所左右,他就将失去下属的信任(蒙哥马利);
2. 强将手下无弱兵;
3. 兵在精而不在多,将在谋而不在勇;
4. 一将无谋,累死三军;
5. 一将功成万骨枯。

第三节 第一套军体拳训练

军语点击

军体拳是由拳打、脚踢、摔打、夺刀、夺枪等格斗动作组合而成的一种拳术。经常开展军体拳训练,对培养军人坚韧不拔、勇敢顽强的战斗作风,具有重要意义。

一、军体拳的作用

(1) 军体拳有一定运动量,对增强力量、耐力、速度都有积极作用,因此有锻炼身体,增强体质作用。

(2) 军体拳是由踢、打、摔、拿、拧等格斗的基本动作组成,学好军体拳,能防身自卫、克敌制胜,发挥保护自己的作用。

二、军体拳的套数

经总参军训部批准,1989已列入中国人民解放军《体育训练》教材,在全军推广的军体拳共有三套。第一、第二套各有16个动作,第三套有32个动作。

三、第一套军体拳的特点

第一套军体拳主要特点是由格斗的基本功和基本动作组合而成的套路练习,它动作精练,有技击含义,适用;有一定锻炼价值和防身自卫作用。

军体拳手型主要有三种,即拳:主要用于击打和砸;掌:主要用于推、砍、劈、抽打等;勾手:主要用于打、勾。

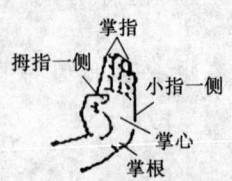
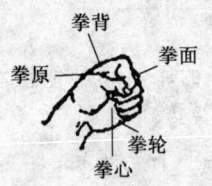

四、军体拳的常用步型

军体拳步型有马步、弓步、虚步、仆步、歇步等。

马步　　　弓步　　　虚步　　　仆步　　　歇步

五、军体拳第一套动作要领及图解

预备姿势

> **军史撷英**
>
> 《军拳》是 2002 年，由军营武术家史运通编写，是我军第一部军体拳格斗教程，本书详细介绍了军体拳在实战过程中的应用问题，以期帮助广大官兵和武术爱好者提高徒手格斗技能，培养吃苦耐劳、英勇顽强的精神。全书共分四章：第一章为"军体拳实用技法概述"；第二章为"军体拳实用技法详解"；第三章为"徒手夺匕技法"；第四章为"主动进攻与防守反击"。

当听到"军体拳第一套——预备"的口令后，在立正基础上身体稍向左转，同时右脚向右前跨一步，两脚略成"八字形"，体重大部分落于右脚，两手握拳，前后拉开，屈肘，左拳与肩同拳眼向内上，右拳置于小腹前约 10 cm 处，拳眼向上，自然挺身目视前方。

1. 弓步冲拳

动作要领：右拳从腰间猛力向前旋转冲出，拳心向下，同时左拳收于腰际，成左弓步。用途：击头、胸、腰部。

2. 穿喉弹踢

动作要领:左拳变掌并向前上猛插,掌心向上,右拳收于腰间,右脚蹬直同时抬右侧大腿略平脚尖向下绷直,猛力向前弹踢,并迅速收回。用途:插喉、弹踢裆或小腿。

3. 马步横打

动作要领:右脚向前落地成右弓步,同时左手前出变八字掌,右拳自然后摆;左转身成马步的同时,右手握拳收于腰间,右拳由后向前猛力横击,臂微屈,拳与肩同高拳心向下。用途:击头、肋、腰部。

4. 内拨下勾

动作要领:右转身成弓步,同时右臂内拨后摆并由后向前上方猛击,拳与下颌同高,拳心向地,左脚自然向左移动。用途:击喉、下颌、腹、裆部。

5. 交错侧踹

动作要领:右转身,右脚尖外摆,抬左腿,大腿略平,脚尖里勾,两臂在胸前交错;左脚向左侧猛踹,并迅速收回,同时两臂上下外格右臂屈肘,拳与头同高。拳眼向后,左臂自然后摆,拳心向后。用途:踹膝关节。

6. 外格横勾

动作要领:左脚向前落地,左转身成弓步,同时左臂上挡、外格、后摆,右拳以扭腰送胯之合力由后向前猛击,拳与眼同高,拳心向下。用途:击头、面部。

7. 反击勾踢

动作要领:左脚尖外摆,起右脚,脚尖里勾,两手在胸前交错;右脚由后向左猛力勾踢,同时两臂猛力外格,左臂屈肘,拳与头同高,拳眼向后,左臂自然后摆,拳心向下。用途:勾踢脚跟、脚踝部,将对方击倒。

8. 转身别臂

动作要领:右转身,右脚尖外摆并猛力下踏;跨左脚成弓步,同时右手向前上挑,左手抓握右小臂;右后转体成右弓步的同时右拳变掌驱肘下压,两小臂略平,置于腹前。用途:别臂、压肘。

9. 虚步砍肋

动作要领:收右脚成右虚步,同时两手变掌,由外稍向里猛砍,大臂夹紧,小臂略平,掌心向上,两掌约距20 cm。用途:砍肋、腰部。

军事名言

1. 牺牲我一个,幸福十亿人(对越自卫反击战语)
2. 我赞成这样的口号,叫做"一不怕苦,二不怕死"(毛泽东)
3. 战士怕放松,军官怕集中。

10. 踢裆顶肘

动作要领:两掌变拳收于腰间;掌心向上,左脚蹬直同时抬右脚,脚尖向下绷直,猛力向前弹平踢,迅速收回;右脚落地成弓步,同时右臂置于左胸前,两手合力将右肘向前推顶,右大小臂夹紧,略平,掌心向下。用途:脚踢裆、腹部,肘顶心窝、头部。

11. 反弹侧击

动作要领：右掌向前反弹，掌心向内上；左掌沿右臂下，向前猛挑成立掌，同时收右拳于腰间，成右虚步，右脚向前滑动；左转身成马步，同时左手抓拉变拳收抱于腰间，右拳向右侧冲击，拳眼向上，拳与肩同高，目视右拳。用途：反弹面部。左手挑掌解脱，右拳击肋或腹部。

12. 弓步靠掌

动作要领：上体左移，体重大部分落于左脚，两拳变掌交叉于裆前，右脚微收成右虚步；右转身，其右脚猛力下踏的同时，起左脚自然屈膝，两掌上下反拨，收于右肋前，掌心向前，左脚向前落地成左弓步，同时两掌合力向前推出，左手在上，右手在下，掌心向前，两手腕自然靠拢，目视前方。用途：推掩、胸、肋，将对方摔倒。

> **军事名言**
> 1. 血染沙场气化红，捐躯为国是英雄（董必武）
> 2. 革命流血不流泪，生死寻常无怨尤（陈毅）

13. 上步砸肘

动作要领：右脚向前上步，成右弓步的同时右拳后摆、左手成抓拉姿势，虎口向右；左转身成左弓步的同时,右手抓拉收于腰间,挥动右臂屈肘向左下猛砸,大臂夹紧,小臂略平,拳心向上。用途:砸、压肘关节。

14. 仆步撩裆

动作要领:左膝深屈,右腿伸直,右拳变立掌置于左胸前,左拳抱于腰间,上体倾成左仆步;右手变勾,经右脚面向后搂,手外拨后摆,转身成右弓步,同时左手变掌,由后向前猛撩,掌心向上,目视前方。用途:勾手搂踢,撩掌打裆。

15. 挡击绊腿

动作要领:左脚向前上步,左手变拳上挡护头,拳高于头,拳眼向下,身体稍下蹲的同时,右拳向前下猛力冲出,拳心向下,右腿自然跟上屈膝;左拳变掌砍切右手腕的同时,右脚前扫,右拳收于腰间,拳心向上;右腿后绊成左弓步,同时右拳变掌下按,掌心向下,虎口向里,同时左掌变拳收于腰间。用途:击裆,腹部,推胸绊腿。

军事名言

1. 平时多流汗,战时少流血。
2. 苦不苦,想想长征二万五;累不累,比比革命老前辈。
3. 流血流汗不流泪,掉皮掉肉不掉队。
4. 军民团结如一人,试看天下谁能敌。(毛泽东)

16. 击腰锁喉

动作要领:右掌变拳屈臂上挡外格,右脚向前上步,同时左拳向前猛力冲出,拳心向下;右拳变掌前插,左手抓握右手腕的同时,右掌变拳,两手合力回拉下压,右肩前顶,成右弓步,目视前下方。用途:由后击腰、锁喉。

结束姿势：左转身，右脚靠拢，成立正姿势。

六、军体拳训练计划的制定

制定训练计划时，首先要了解学习对象的基础如何，有一定基础的，进度适当快些，基础差的进度慢些。一般先教基本功，再教基本动作。臂功、腿功搭配适当。最好隔一天安排一次课为宜。学习新动作之前，要复习前一课的内容，使套路动作衔接、连贯。最后安排一定时间进行复习巩固，检查考核评定成绩。

七、军体拳课的实施方法

军体拳是由十几个或几十个单个动作按一定原则合理组成的套路练习。不但要一个动作一个动作学会，同时还要完成整套的套路练习。因此实施方法通常是：

（1）示范讲解：示范、讲解是练习者形成正确的动作概念的基本方法。讲解语言要通俗精练，讲解的内容有：讲解动作的规格和标准；讲解动作的环节；讲解动作的攻防含义；讲解动作易犯错误及纠正方法。

> **军事名言**
>
> 1. 血沃中原肥劲草，寒凝大地发春华。
> 2. 千军易得，一将难求。
> 3. 兵熊熊一个，将熊熊一窝。
> 4. 养兵千日，用兵一时。

示范是使练习者通过直观的感性认识，来获得正确的动作概貌的手段。为了使练习者比较清楚观察示范动作，教员对示范位置的选择和示范面的运用都要合理。示范要有连贯动作和慢动作示范，连贯动作使练习者了解动作的完整性；慢动作看清动作的细节和方向路线。

（2）领做：是教员带领练习者做动作，先领做慢动作，再领做连贯动作。领做是教会学好的关键环节之一。

（3）完整和分解教学法：军体拳动作有简有繁，有易有难。因此，简易动作完整教，繁难动作分解教。

（4）组织操练：初步掌握动作后，要组织操练，复习巩固。方法是：口令指挥集体操练，分班操练。要先慢动作到连贯动作。以个人练习，互教互学，纠正错误动作。以组织小型评比，开展比、学、赶、帮、超活动。

八、军体拳训练时常见的错误动作及纠正方法

(1) 动作要领不正确。纠正方法：用正误对比法；先慢动作正确示范，并边做边讲，看清错在那里。然后再慢动作领做。

(2) 发力不当，动作僵硬。纠正方法：由慢到快领做，由不用力逐步过度到用力。体会自然发力，体会徒手冲拳。发力要强调蹬腿扭腰的力量。

(3) 动作不连贯。纠正方法：套路不连贯是单个动作不熟练所致。要熟练掌握单个动作，然后由慢到快体会动作与动作之间的衔接关系，由慢到快反复体会。

(4) 不理解动作的性质和作用而出现的错误。纠正方法：根据动作的攻防含义，讲清动作的实用意义，通过两人攻防配合，解释动作方向路线，启发诱导，帮助纠正。

知识拓展

一、第二套军体拳主要是由摔打、夺刀、夺枪、袭击等格斗基本动作所组成的套路练习。动作精练适用，每一动作都是"一招制敌"，能保护自己，同时能锻炼身体，增强体质。

基本套路：预备姿势；1.挡击冲拳；2.绊腿压肘；3.弓步击肘；4.砍肋下打；5.上步劈弹；6.双勾后击；7.防左勾踢；8.挟脖拧摔；9.里格冲拳；10.防右别臂；11.挡击抱腿；12.蹁腿锁喉；13.蹬腿横勾；14.上步捞腿；15.挑砸绊腿；16.弓步上打。

二、第三套军体拳除具有第一、第二套的特点外，还有长拳舒展大方，动作灵活迅速有力，节奏明显的特点，又有南拳步稳、势烈、动作刚劲有力的特点。动作数量等于第一、二套总和，运动量也较大，动作难度较复杂，都有技击含义。它不但能锻炼身体，又是克敌制胜的有效手段。

基本套路：预备姿势；1.踏步右冲拳；2.上步左冲拳；3.弹腿右冲拳；4.下击横勾拳；5.下压反弹拳；6.挑拨侧冲拳；7.歇步勾亮掌；8.虚步上冲拳；9.掳冲侧冲拳；10.盖步右靠肘；11.蹬腿马步挂；12.挑臂右砸肘；13.鞭拳转身盖；14.右格左冲拳；15.左格右冲拳；16.侧踹双弹臂；17.左右冲锋抛；18.盖拳退步勾；19.左弓双砍掌；20.右弓双砍掌；21.左弓勾挂拳；22.右弓勾挂拳；23.跃起跪步砸；24.马步横砍掌；25.掳砍右穿掌；26.掳砍左穿掌；27.仆步勾挑裆；28.飞脚盖步冲；29.转身右砸肘；30.弓步右击肘；31.弓步双抱拳；32.侧蹬转身冲

三、打一套军体拳需要的时间：

这里讲的是打连贯动作，一气呵成完成一套。按要求，第一、第二套各打一次大约需要 25 秒左右，第三套约 46 秒左右。

四、擒敌拳是武警公安边防部队目前正在使用的一路擒敌基本套路，它比原有擒敌拳更实用。新式擒敌拳以腿法见长，手脚并用，拳打脚踢，摔擒合一，架高势小，自然实用，根据不同的情况，可一势多用，力战四门（前、后、左、右四个方向）。擒敌拳共有 16 式。

第四节 阅 兵

数日的军训即将结束，全体军训学员在教官们的统一要求下，参加了徒手队列动作训练、军体拳训练、军事常识学习以及各种军训文体活动，既接受了各种考验和磨砺，又丰富了军训生活,提高了各种能力。现在军训已接近尾声,多日的军训成果,现在就要通过会操这种形式来展现了。

敬礼

正步走

军语点击

会操,即会合举行操演。是在军训结束前的总结大会上,展示军训成果的一种形式。通常又称为小型阅兵。

阅兵,通常包括阅兵式和分列式,阅兵式是阅兵者从受阅部队队列前通过,进行检阅的仪式;分列式是受阅部队列队从检阅台前通过,接受阅兵者检阅的仪式。

一、会操程序

介绍主席台领导;升国旗;迎校旗;阅兵式;教官表演;分列式(会操);军体拳表演;现场竞技活动(叠被子比赛、拉歌比赛等);学生代表发言;优秀学员、标兵(军事训练标兵、内务卫生标兵、作风纪律标兵)、连队以及内务评比等表彰;军训总结。

二、阅兵式

阅兵,分为上级首长检阅和本级首长检阅。当上级首长检阅时,由本级首长陪同;当本级首长检阅时,由军校或负责军训方同级首长陪同;一般由军训团或者营指挥员任阅兵指挥。

小知识

国庆60周年阅兵是是新中国阅兵史上最"原创"的一次。从飞机、导弹、坦克,到火炮、自动步枪,参阅的武器装备全部都是自主研发、制造,九成以上是国庆阅兵场上的新面孔。轰油-6、99式坦克等似曾相识的老面孔,也都与时俱进,作战效能大为提高。

阅兵式程序:

1. 阅兵首长接受阅兵指挥报告

当阅兵首长行至本团(或营、连)队列右翼适当距离时,阅兵指挥在队列中央前下达"立正"的口令,随后跑到距阅兵首长5~7步处敬礼,待阅兵首长还礼后礼毕并报告。例如:"×××同志,×××××列队完毕,请您检阅"。报告后,左跨1步,向右转,让首长先走,尔后在其右后侧(当上级首长检阅时,本级首长应在其右侧)跟随陪阅。

2. 阅兵首长检阅部队

当阅兵首长行至各分队队列右前方时,由连教官下达"敬礼"的口令。听到口令后,此连教官行举手礼,队列人员行注目礼,目迎目送首长(左、右转头不超过 45°)。当首长问候:"同志们好!"或者"同志们辛苦了!",队列人员应当齐声洪亮地回答:"首——长——好!"或者"为——人民——服务!",当首长通过后,教官下达"礼毕"的口令,队列人员礼毕。

阅兵式

3. 阅兵首长上阅兵台

阅兵首长检阅完毕后上阅兵台,阅兵指挥跑步到队列中央前,下达"稍息"口令,队列人员稍息。

三、分列式

军训分列式队形由阅兵式队形调整变换,或者由阅兵指挥临时规定。

军训分列式,应当设四个标兵。一、二标兵之间和三、四标兵之间的间隔各为 15 m,二、三标兵之间的间隔为 40 m。

1. 标兵就位

分列式开始前,阅兵指挥在队列中央前,下达"立正""标兵就位"的口令。标兵听到口令,成一路纵队跑步到规定的位置,面向部队成立正姿势。

2. 调整部(分)队为分列式队形

标兵就位后,阅兵指挥下达"分列式,开始"的口令,尔后,跑步到自己的列队位置。听到口令后,各队列教官分别进到自己队列中央前,下达"右转弯,齐步——走"的口令,指挥分队变换成分列式队形。

3. 开始行进

变换成规定的分列式队形后,第一队列教官下达"齐步——走"的口令。听到口令后,第一队列人员齐步前进,其余分队依次待前一分队离开约 15 m 时,分别由队列教官下达"齐步——走"的口令,指挥本队列人员前进。

分列式

4. 接受首长检阅

各队列行至第一标兵处,将队列调整好;进到第二标兵处,教官下达"正步——走"的口令,由齐步换正步。此时,阅兵首长和陪阅人员面向队列行注目礼(若有掌旗员和护旗兵,应向军旗敬礼)。各队列教官分别下达"向右——看"的口令,队列人员听到口令后(可喊"一、二"),按规定换正步行进,位于指挥位置的教官行举手礼,其余人员向右转头(各列右翼第一名不转头)不超过 45°注视阅兵首长,此时,阅兵首长答礼,其他陪阅人员可不答礼;进到第三标兵处,教官下达"齐步——走"的口令,由正步换齐步,并下达"向前——看"的口令,队列人员听到口令后,在礼毕的同时换齐步行进。各分队通过第四标兵,换跑步带到指定的位置。待最后一个分队通过第四标兵,阅兵指挥下达"标兵,撤回"的口令,标兵按相反顺序跑步撤至预定位置。

5. 阅兵首长讲话

分列式结束后,阅兵指挥调整好队形,请阅兵首长讲话。讲话完结,阅兵指挥下达"立正"口令,向阅兵首长报告阅兵结束。

第三章 军事技能训练

认识自己，改造自己

日本保险业泰斗原一平在 27 岁时进入日本明治保险公司开始推销生涯。当时，他穷得连中餐都吃不起，并露宿公园。

有一天，他向一位老和尚推销保险，等他详细地说明之后，老和尚平静地说："听完你的介绍之后，丝毫引不起我投保的意愿。"

老和尚注视原一平良久，接着又说："人与人之间，像这样相对而坐的时候，一定要具备一种强烈吸引对方的魅力，如果你做不到这一点，将来就没什么前途可言了。"

原一平哑口无言，冷汗直流。

老和尚又说："年轻人，先努力改造自己吧！"

"改造自己？"

"是的，要改造自己首先必须认识自己，你知不知道自己是一个什么样的人呢？"

老和尚又说："你在替别人考虑保险之前，必须先考虑自己，认识自己。"

"考虑自己？认识自己？"

"是的！赤裸裸地注视自己，毫无保留地彻底反省，然后才能认识自己。"

从此，原一平开始努力认识自己，改善自己，大彻大悟，终于成为一代推销大师。

启示："认识自己，改造自己。"这是我们一生中要努力追寻的目标。哪一种事情适合自己干？如何让周围的朋友喜欢自己？可以说是你事业成功的关键。加入推销行列，首先便是推销你自己——你的形象、你的修养、你的气质、你的人格。

心灵鸡汤

亲爱的同学们、朋友们，让我们用以实际行动迎接来自自卑和自负的挑战，与颓废、懊恼作顽强的斗争，用以满腔热情树立自尊和自强，笑对自己的学习和工作吧！请相信，只要我们携着自尊和自强，在通往成功的人生路上，必定会印下一个个坚定而稳健的脚印，总有一天我们会相逢在理想的道路上。

第四章　军训中的文体活动

第一节　营造热烈向上的军训氛围

为了活跃军训氛围,丰富军训生活,增强各连队的凝聚力,军训期间可以多开展一些文体活动。军训过程中,不少学生个性张扬,与队友争论得面红耳赤;也有一些学生独来独往,不懂得感恩与奉献。但通过精心策划的团体活动却可以让彼此增进了解,使团队中的每个人都意识到自己的重要性。大家能够分在一个连队里,就是一家人,每个人都需要融入到团队中来,而每个人都是团队中的重要一员,都需要为集体奉献自己的一份力量。军训可以锻炼我们的身体素质,而活动则是军训的有效补充和拓展延伸。我们的心智可以在活动中得以更好的激发和培养。

下面的活动你感兴趣吗?一起来试试吧!

1. 圈圈过圈圈

活动目的:团队运作沟通协调

活动方法:8~14人一组,每组1个呼拉圈

活动规则:

（1）所有学员手牵手围成一个圆圈,并在学员手中套入一个呼拉圈,将呼拉圈穿过每个人的身体回到原点即完成任务,采计时制。

（2）过程中不可松手。

（3）不可用手指去勾呼拉圈。

（4）可限定执行次数(3次或5次),每次执行后均询问小组要挑战的目标(完成时间)。

2. 快快跳起来

活动目标:学生们能互相配合,协同动作的能力,发展弹跳力。

活动方法:将学生分成人数相等的四组,各组之间2~3 m,各组排成一路纵队,前后距离一大步。各队第一与第二人各持短绳的一端,面对本队队员站在队前。教师发令后,各队持绳的队员共同持绳向排尾跑去,每个队员则一次迅速跳起来,让绳从脚下通过。持绳队员到排尾后,第一人留下站在队尾,第二人则持绳跑回排头与第三人共同持绳继续向排尾跑去……依次进行每人都做过持绳队员,最后以先跳完的队,名次列前。

活动规则:

（1）发令后才开始比赛,必须按规定的动作跳。

（2）持绳队员必须各持一端共同持绳向后跑,如中途有一人松手,必须从松手的地点开始,重新拉好绳再继续跑。

（3）短绳必须保持一定的高度,不得过高过低。

第四章 军训中的文体活动

军事名言
1. 百听不厌是军号,久唱不衰是军歌,本色不退是军装,终生不悔是军旅。
2. 你不必和敌人进行更多的缠斗,除非你要让他们了解战争的艺术。(拿破仑)

3. 双腿夹球接力

活动目标:激发学生参与的热情,提高上、下肢协调用力的能力,增强同伴间的团体合作意识。

活动方法:将学生分成人数相等的四组,游戏开始,第一人将球放在两膝上方用劲夹住,走到相距 15 m 终点处,将球交给对面队友,循环反复至全队结束,时间最短者为胜。

活动规则:
(1) 必须从起点线后起步。
(2) 如中途皮球脱离须在原地把球拾起夹好后继续比赛。
(3) 双手必须放至身体两侧,不可用手扶球。

4. 摸石过河

活动目标:激发学生参与游戏的热情,发展身体上、下肢协调能力,培养团队合作精神。

活动方法:将学生分成人数相等的四组,排头学员两脚站在两块砖上,放在起点线后沿(纵向放置),比赛开始,学员即可起动,提起左脚(左右脚可自定),用手拿起原左脚踏的砖块,并放置前方(距离自定),左脚踏上前方砖块,提起右脚,用手拿起原右脚踏的砖块并放至到前方(距离自定),右脚踏上前方砖块,这样依此前进,直至人和砖头都到达 18 m 终点线后,拿起砖块快速跑步返回至起点处,将砖块交给下一个同伴,这样依次接力。以最先完成的组为胜。

活动规则:
(1) 交砖块时必须亲手交给下一个同学。
(2) 途中如有脚落地,必须回到起点重新开始做。

5. 长绳闯关

活动目标:发展学生的弹跳能力,培养同伴间的团队协作的意识。

活动方法:将学生分成人数相等的四队,每队长绳一根,选出两名同学摇绳。游戏开始,第一关,跑进一人跳一次后跑出;第二关,跑进两人后连续跳两次跑出;第三关,跑进三人后连续跳三次跑出,这样依次进行。最后在规定时间内闯关最多的队获胜。

活动规则:
(1) 游戏中闯关的时候须全部跑进绳后方可计数。
(2) 如果绳子在接力时中断,必须从第一关重新开始游戏。
(3) 如果都未闯过同一关,则以该关各队跳绳次数的多少决定胜负。

6. 蹲跳接力

活动目标:锻炼学生的弹跳能力,培养同伴间的团队协作的意识。

活动方法:将学生分成人数相等的四组,队员们背靠背挽住手臂蹲在起点线。听到发令后,第一组由起点向终点线蹲跳。两人都跳过 18 m 终点线后,再跑回到起点线,两人都过起点线后,第二组再进行,依次类推。

活动规则:比赛途中,两人挽臂不可分开,如分开,则必须挽好后才能继续比赛。计时与

名次:以最后一组返回起点计时。用时少者胜出。

7. 跳绳接力

活动目标:提高学生上、下肢协调用力的能力,培养同伴间的团队协作的意识。

活动方法:将人数分成相同的四组,成纵队站在起跑线后面,发令后第一位同学手持跳绳跑到相距 18 m 的圆圈内跳绳 50 次,再跑回起点将跳绳交给第二位同学,第二位同学重复第一位的过程,以此类推,全队先完成为胜。

活动规则:不能抢跑,不能抛扔跳绳。

8. 双龙戏珠

活动目标:激发学生参与游戏的热情,提高学生上肢协调性,培养团队合作精神。

活动方法:把学生分成人数相等的两队。相距 18 m 相向站立于起跑线后,第一个同学拿两个乒乓球拍夹一个球。听到发令后,夹着球直线绕过跨栏架跑回起点线后,把球拍和球一起传给下一同学,依次进行,先跑完的队为胜.

活动规则:

(1) 听到发令后游戏开始,不得超越起跑线接球。

(2) 交接球时不能抛球或滚球。

(3) 途中如果球掉了要捡起夹好才能继续向前跑。

9. 鼓上排球

活动目标:使学生懂得沟通的重要性,学会如何沟通、分享与感恩

活动方法:10~30 人集体完成。队员用手中各自的绳子,一起控制大鼓的方向和力度,来颠起鼓上的排球。规定时间内颠球次数最多的队获胜。

活动规则:

(1) 听到发令后游戏开始。

(2) 有意见分歧时要协商解决不可大吵大闹。

(3) 途中不得有人退出或是放弃,否则视为全队失败。

10. 万花筒

活动目标:锻炼队员们反应敏捷,动作迅速,记忆力好

活动规则:该活动每轮 30~50 人。所有的参赛者务必记住以下的 7 条口诀:

牵牛花 1 瓣围成圈;杜鹃花 2 瓣好做伴;

山茶花 3 瓣结兄弟;马兰花 4 瓣手拉手;

野梅花 5 瓣力气大;茉莉花 6 瓣好亲热;

水仙花 7 瓣是一家。

50 人随意站立在指定的圈内,游戏开始,主持人击鼓念口诀,主持人的口诀随时会停止,当主持人喊到"山茶花"时,场内的参赛者,必须迅速组成 3 个人的圈,当喊到"水仙花"时,要结成 7 个人的圈,"牵牛花"就只要 1 个人站好就可以。凡是没有能够与他人结成圈,或者组成数字错误的,都被淘汰出局,到最后,圈子里剩下的为赢家。等到圈内剩余人数到 5 人左右,游戏即停止,剩余的人即获得个人奖。

活动时间:每轮 15 分钟左右。

11. 抓手指

活动目标:集中注意力。

第四章 军训中的文体活动

活动方法:学生围成一个圆圈,面向圆心站好,然后把左手张开伸向左侧人,把右手食指垂直放到右侧人的掌心上。当教师发出"原地踏步走"的口令后,全体踏脚步。教师可用"1、2、1"的口令调整步伐。当发出"1、2、3!"的口令时,左手应设法抓住左侧人的食指,右手应设法逃掉,以抓住次数多者为胜。

活动规则:

(1)抢口令者抓住无效。

(2)手掌不张开,抓住无效。

12. 万里长城

活动详情:

(1)参加者围成一圈,向右转,双手搭住前面一人的双肩,要求所有人注意听一个口令(比如叫停就停,叫跳就跳,叫坐就坐,叫坐时前一人要坐在后一人腿上,叫走就走),听到后必须按口令做,否则受罚。

(2)游戏开始,所有人听口令往前走,1-2-1,1-2-1,1-2 坐,第一次一般会有人跌倒或者不坐下,不坐下的受罚。

(3)让大家依然双手搭住前面一人双肩,但距离缩短,再试一次,所有人都坐住了,开始倒数 10-9-8-……-1),站起。

(4)参加者双手搭住前面一人的双肩,再试一次,应该都能做稳了。

(5)活动结束可以互相谈谈感受。

13. 解扣

活动目的:培养团队的群策群力意识,依靠每个组员的分工合作,使队员们的思维方式拓宽,彼此间更和谐的相处。

活动方法及规则:参加者围成一圈(人数为奇数,有伤者旁观,去除首饰等),每人双手一上一下伸展(所有人同一个手上下),站好后伸手去拉住在隔壁一人的手(一个方向一人)。活动中任何人的手不得松开,否则将被处罚。全体参加者双手相握后,开始想办法达到一个目的:最终恢复成单圈手拉手(相邻两人左右手相牵)。如人数是偶数,会变成两个圈。

第二节　教唱军旅歌曲

军旅歌曲也可称为军队生活歌曲或队列歌曲,反映部队官兵战争时期的战斗生活、和平时期的训练生活;反映官兵的精神面貌,并且由官兵来演唱的,都可以划为军旅歌曲。

从表现南昌起义的歌曲《八一起义》开始,军旅歌曲已走过了近80年历程。它诞生于炮火中,扎根于军营,效力于军旅,激励着战士们冲锋陷阵。它是军队文化非常重要的组成部分,军旅歌曲对整个部队鼓舞士气,鼓壮军威,有着不可替代的作用。这是军旅歌曲区别其他歌曲最显要的特征。

附:各时期部分代表歌曲如下:

红军时期:《八月桂花遍地开》、《五指山歌》、《三大纪律八项注意》、《毛委员和我们在一起》、《秋收起义歌》、《两大主力会合歌》、《长征组歌》等。

抗战时期：《大刀进行曲》、《到敌人后方去》、《八路军军歌》、《新四军军歌》、《在太行山上》、《游击队歌》、《打个胜仗哈哈哈》等。

解放战争时期：《战斗进行曲》、《说打就打》、《我为人民扛起枪》、《解放区的天》等。

社会主义和平建设时期：《我是一个兵》、《中国人民志愿军战歌》、《学习雷锋好榜样》、《打靶归来》、《我爱祖国的蓝天》等。

改革开放后：《桃花盛开的地方》、《十五的月亮》、《军港之夜》、《说句心里话》、《小白杨》、《雪染的风采》、《长城长》等。

新世纪：《当你的秀发拂过我的钢枪》、《当过兵的战友干一杯》、《我的老班长》等。

随着中国军队走向世界，中国的军旅歌曲也应该走向世界，与时代风潮接轨，让我们一同唱响心中的军歌吧！

（一）一二三四歌

一二三四一二三四像首歌
绿色军营，绿色军营教会我
唱得山摇地也动
唱得花开水欢乐
一呀么一呀么一呀么一
一个钢枪交给我
二呀么二呀么二呀么二
二话没说为祖国
三呀么三，三军将士苦为乐
四海为家
嗨！嗨嗨！！
哪里有我
哪里有我
哪里就有
一二三四
一二三四
一二三四
战士的歌
—music—
一二三四一二三四像首歌，

这边唱来，这边唱来那边和，
唱给蓝天和大地
唱给妈妈和祖国，
一呀么一呀么一呀么一
一条大路多宽阔
二呀么二呀么二呀么二
二面春风拂面过
三呀么三，三山五岳任我走
四海为家
嗨！嗨嗨！！
哪里有我
哪里有我
哪里就有
一二三四
一二三四
战士的歌
战士战士的歌
一二三四

（二）军中绿花

军中绿花
寒风飘飘落叶
军队是一朵绿花
亲爱的战友你不要想家
不要想妈妈

声声我日夜呼唤
多少句心里话
不要离别时两眼泪花
军营是咱温暖的家
妈妈你不要牵挂

孩儿我已经长大	只好把爱先放下
站岗值勤是保卫国家	白云飘飘带去我的爱
风吹雨打都不怕	军中绿花送给她
衷心的祝福妈妈	寒风飘飘落叶
愿妈妈健康长寿	军队是一朵绿花
待到庆功时再回家	亲爱的战友你不要想家
再来看望好妈妈	不要想妈妈
待到庆功时再回家	声声我日夜呼唤
再来看望好妈妈	多少句心里话
故乡有位好姑娘	不要离别时两眼泪花
我时常梦见她	军营是咱温暖的家
军中的男儿也有情啊	不要离别时两眼泪花
也愿伴你走天涯	军营是咱温暖的家
只因为肩负重任	

中外军事名著

《战争艺术概论》瑞士军事理论家约米尼著,总结了法国革命战争和拿破仑战争的经验,根据十八世纪末和十九世纪初的战争基本原理,提出了许多当时行之有效的作战指导原则、方法和形式。被称为西方军官必修教材。

(三) 团结就是力量

团结就是力量	团结就是力量
团结就是力量	团结就是力量
这力量是铁	这力量是铁
这力量是钢	这力量是钢
比铁还硬,比钢还强	比铁还硬,比钢还强
向着法西斯蒂开火	向着法西斯蒂开火
让一切不民主的制度死亡!	让一切不民主的制度死亡!
向着太阳,向着自由	向着太阳,向着自由
向着新中国发出万丈光芒!	向着新中国发出万丈光芒!

(四) 咱当兵的人

咱当兵的人　有啥不一样	一样的足迹留给　山高水长
只因为我们都穿着　朴实的军装	咱当兵的人　就是不一样
咱当兵的人　有啥不一样	头枕着边关的明月　身披着雨雪风霜
自从离开了家乡　就难见到爹娘	咱当兵的人　就是不一样
说不一样　其实也一样	为了国家的安宁　我们紧握手中枪
都是青春的年华　都是热血儿郎	说不一样　其实也一样
说不一样　其实也一样	都在渴望辉煌　都在赢得荣光

说不一样　其实也一样
一样的风采在共和国的旗帜上飞扬
咱当兵的人　有啥不一样
只因为我们都穿着　朴实的军装

咱当兵的人　就是不一样
为了国家的安宁　我们紧握手中枪
咱当兵的人　就是这个样!!!

> **中外军事名著**
>
> 《军事战略》这本书问世，就如同爆炸了一枚核弹一样，立即震惊了世界，产生了轰动效应，成为各国军界和政界的注意焦点和热门话题。作者瓦西里·丹尼洛维奇·索科洛夫斯基，反映了苏联的军事理论正经历从传统的军事战略向火箭核战略的巨大转变，使沉闷的苏联军事学术空气空前活跃了起来。

（五）打靶归来

日落西山红霞飞
战士打靶把营归把营归
胸前的红花映彩霞
愉快的歌声满天飞
咪唆拉咪唆
拉唆咪哆咪
愉快的歌声满天飞
啦啦啦啦啦啦啦……
歌声飞到北京去
毛主席听了心欢喜
夸咱们歌儿唱的好
夸咱们枪法属第一
日落西山红霞飞

战士打靶把营归把营归
胸前的红花映彩霞
愉快的歌声满天飞
咪唆拉咪唆
拉唆咪哆咪
愉快的歌声满天飞
啦啦啦啦啦啦啦……
歌声飞到北京去
毛主席听了心欢喜
夸咱们歌儿唱的好
夸咱们枪法属第一
一二一二三四
一二三四　一二三四

（六）送你一枚小弹壳

你问我什么是战士的生活
我送你一枚小弹壳
它曾经历过风雨的洗礼
也吹响过一支短歌
战士的生活就是这样
有苦有乐有声有色
战士的生活就是这样
有苦有乐有声有色
你问我什么是战士的性格
我送你一枚小弹壳
它会在祖国需要的时候
喷涌出那一腔烈火
战士的性格就是这样

有我无敌有敌无我
战士的性格就是这样
有我无敌有敌无我
你问我什么是战士的本色
我送你一枚小弹壳
它在战斗中惊天动地
却在胜利后保持沉默
战士的本色就是这样
无私奉献报效祖国
战士的本色就是这样
无私奉献报效祖国
报效祖国祖国

第四章 军训中的文体活动

（七）严守纪律歌

军号嘹亮步伐整齐
人民军队有铁的纪律
服从命令是天职
条令条例要牢记

令必行　禁必止
自觉凝聚成战斗集体

啊纪律　纪律
纪律中有我
纪律中有你
纪律中有无穷的战斗力

一切行动听指挥
步调一致得胜利

军号嘹亮步伐整齐
人民军队有铁的纪律
服从命令是天职
条令条例要牢记

令必行　禁必止
自觉凝聚成战斗集体

啊纪律　纪律
纪律中有我
纪律中有你
纪律中有无穷的战斗力
一切行动听指挥
步调一致得胜利
步调一致得胜利

（八）学习雷锋好榜样

学习雷锋好榜样
忠于革命忠于党
爱憎分明不忘本
立场坚定斗志强
学习雷锋好榜样
艰苦朴素永不忘
愿做革命的螺丝钉

集体主义思想放光芒
毛主席的教导记心上
全心全意为人民
共产主义品德多高尚
学习雷锋好榜样
毛泽东思想来武装
保卫祖国握紧枪

（九）歌唱祖国

五星红旗迎风飘扬，
胜利歌声多么响亮；
歌唱我们亲爱的祖国，
从今走向繁荣富强。
歌唱我们亲爱的祖国，
从今走向繁荣富强。
越过高山，越过平原，
跨过奔腾的黄河长江；
宽广美丽的土地，
是我们亲爱的家乡，
英雄的人民站起来了！

我们团结友爱坚强如钢。
五星红旗迎风飘扬，
胜利歌声多么响亮；
歌唱我们亲爱的祖国，
从今走向繁荣富强。
歌唱我们亲爱的祖国，
从今走向繁荣富强。
我们勤劳，我们勇敢，
独立自由是我们的理想；
我们战胜了多少苦难，
才得到今天的解放！

我们爱和平,我们爱家乡,
谁敢侵犯我们就叫他死亡!
五星红旗迎风飘扬,
胜利歌声多么响亮,
歌唱我们亲爱的祖国,
从今走向繁荣富强。
歌唱我们亲爱的祖国,
从今走向繁荣富强。
东方太阳,正在升起,
人民共和国正在成长;

我们领袖毛泽东,
指引着前进的方向。
我们的生活天天向上,
我们的前途万丈光芒。
五星红旗迎风飘扬,
胜利歌声多么响亮;
歌唱我们亲爱的祖国,
从今走向繁荣富强。
歌唱我们亲爱的祖国,
从今走向繁荣富强。

(十) 八荣八耻

荣字怎么写?
一草一木宝盖边,
草木尚且知兴荣,
做人更要树荣辱观。
耻字怎么写?
耳字在左止在右边,
用耳聆听用心感,
可耻的事止步不去干。
总书记提出"荣"与"辱",
其中的含义有万千,

知荣做人要上进,
明耻处世有规范,
鲜花和荣誉去争取,
可耻的事情不沾染,
"八荣八耻社会主义荣辱观"是镜鉴,
辨别美丑祛除污点。
认真学好荣辱观,
神州定有新发展,
说一千,道一万,
荣辱二字大写天地间

第三节 军营拉歌

军史撷英

"八一"建军节的由来:1927 年 8 月 1 日,周恩来、朱德、贺龙、叶挺、刘伯承等率领在中国共产党领导下的北伐军 3 万余人,在江西南昌举行武装起义。为了永久的纪念"八一"这一光辉的日子,发扬南昌起义的革命精神,1933 年 7 月,中华苏维埃共和国决定"八一"为建军纪念日。

军语点击

拉歌 虽然拉歌跟"歌"有关系,但与一般意义上的唱歌有本质的区别,它主要体现在"拉"而不在"歌"上。你方唱罢我登场,此声未落彼又起。就在拉锯般的"拉来拉去"中,战士们的情绪被"煽"起来了,不消一个回合就能热血涌动。

拉歌是部队中业余文化活动的重要形式,拉歌,必须"会拉""会歌"才能取胜。

一、"会拉"关键有两个因素:

(1) 选拔出高素质的指挥员。
(2) 团队上下团结协作、"呼应"配合。

二、从内容上讲,拉歌要做到:

(1) 熟练运用"问、数、唱"。"问"即"问答式",就是指挥员与众多演唱者一问一答;"数"即"数板式",就是用快板和顺口溜拉歌;"唱"即"歌唱式",就是用具有特色的曲调填上拉歌词来拉歌。三种形式也可相互穿插进行,但要特别注意拉歌中的固定部分,即俗称的"活口"。之所以叫"活口",是因为这个"口"可以与其他任何拉歌段落相衔接,能使拉歌节奏环环紧扣、层层递进,体现出热烈、紧凑特点,可瞬间将拉歌推向高潮。
(2) 不断创新歌词曲调。
(3) 活学活用重技巧。

三、拉歌的技巧很多,通常有以下几种:

"一鼓作气法",即拉歌前,自己首先一气连续唱几首后,再拉别人;
"领先制胜法"即当对方一首歌唱至近尾声时就发起攻势,用齐数板形式请对方再唱一首。
"以掌代喊法"即用掌打出节拍来代替呐喊,以增气势。

四、常用拉歌词

下面是军训中常用的拉歌口号,大家可要看好、记牢了,千万别输给对方哦!
(1) 东风吹,战鼓擂,要拉歌,谁怕谁!
(2) 某排拉歌土,实在太落伍。不如打背包,回家卖红薯。
真土,真土,地球人都知道,土!
(3) 某排真不爽啊,唱歌唱不响啊,不唱不勉强啊,不如去站岗啊!
(4) 打蔫了吧!没词了吧!你们的声音都哪儿去了呀?不行了吧!沙哑了吧!以后不敢叫板了吧!
(5) 要你唱,你就唱,扭扭捏捏不像样。
像什么,像绵羊。(咩……)/像什么:大姑娘(哎~~)/像什么:像大象
(6) 时间,宝贵!要唱,干脆!杜绝,浪费!不唱,撤退——!
(7) 冬瓜皮,西瓜皮,你们不要耍赖皮;机关枪,两条腿,打的你们张不开嘴!
(8) 123,来一个!12345,我们等的好辛苦!1234567,我们等的好着急!123456789,你们到底有没有?
(9) 说不唱,就不唱,看你能把我怎么样!不唱不唱就不唱!看你把我怎么样!!
(10) 某连唱歌,真是好听。是男子汉,就别后退。某连的,来一个!来一个,某连的!

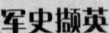

军史撷英

三大战役：辽沈战役，1948年9月12日始，历时50天，歼敌47万人，东北全境获得解放。淮海战役，1948年11月6日始，历时65天，歼敌55.5万余人，基本上解放了长江以北的华东、中原地区。平津战役，1948年11月29日始，历时58天，歼灭和改编52万余人，华北全境基本获得解放。

五、改版的拉歌词

改版的拉歌内容简练、琅琅上口，易于速记，便于传播，通过这种新颖的形式、善意的挖苦、幽默的调侃，确实能"最有力的打击对方"，提高己方士气，增强己方团结一致的集体荣誉感。赶紧来尝试一下吧！

1. 对面的女孩看过来

对面的某连看过来，看过来，看过来。这里的表演很精彩，你不要对我那样崇拜。某连同志的厉害，说出来，都明白。我们的歌儿多嘹亮，把你们某连都比下来。（鼓掌）

对面的女兵看过来，看过来，看过来。这里的姐妹很期待，请不要假装不理不睬。对面的某连唱起来，唱起来，唱起来。请不要只是坐着发呆，其实你们很可爱！

2. 浪花一朵朵

你不要害怕，你不要害羞，我会一直陪在你左右，为你加油喝彩。我知道有一天，你一定会唱歌，因为我知道你唱的很不错~~

3. 冷酷到底

请你不要冷酷到底，拒绝为我们唱首歌曲。请你不要绝情到底，让我们伤心。我们宁愿只伤心一次，也要听你唱首歌曲，我不要你绝情到底，给你某连丢士气，快！唱！歌！！（鼓掌）

某连某连，可爱的某连，某连某连，歌儿甜的某连。某连某连，跑调的某连，某连某连，来一首哎某连！

4. 大中华

十一个连队，十一支花，十一连的兄弟姐妹是一家。对面的某连兄弟为何不说话，

5. 妹妹你大胆地往前走

某连你大胆地唱起来呀，唱起来，你们的歌儿九千九百，九千九百九啊。大胆地唱起来呀，我给你加加油啊……

6. 真心英雄

在我心中，一直有一个梦，你用歌声让我忘了所有的痛。灿烂星空，飘的谁的歌声，某连同志唱的与众不同……

7. 姐姐妹妹站起来

某连男生七个傻，八个呆，九个坏，

还有一个唱不来，姐妹们，跳出来，

就算拼了命也把他骗过来，敲开嘴直到他唱出来。

8. 黄河谣

（任你吼，任你叫，任你在咆哮，任你在咆哮，我们就是听不到，我们就是听不到，听

不到!)

第四节 优秀学员、先进连队以及内务评比

为了使军训工作达到预期的目的,切实提高学生的自我管理能力,展现学生们良好的生活风貌,军训结束时将进行优秀学员、先进连队以及内务的评比,以鼓励先进,鞭策后进。

军语点击:

各类评比,军训过程中,一般要根据学员或者连队各方面表现开展各单项和综合评定。评定的称号包括:优秀学员、军事训练标兵、内务卫生标兵、作风纪律标兵、内务卫生标兵宿舍、优秀连队等。

一、优秀学员评比条件

1. 作风纪律

(1) 参训态度端正,作风紧张,训练积极主动;

(2) 操课时不迟到、早退,不无故缺课;

(3) 尊敬领导,团结同学,不发生吵架、吵架现象;

(4) 爱护公共卫生,不随地吐痰、乱扔纸屑;

(5) 遵守纪律,严格执行军事训练单位各项规章制度;

(6) 服从命令,听从指挥,尊重领导和教官,团结同志。

2. 内务卫生

(1) 室内个人物品摆放整齐,被子折叠工整,铺面平整干净,在同一寝室名列前茅;

(2) 打扫室外卫生认真负责,一丝不苟,标准较高;

3. 学习训练

(1) 政治立场坚定,关心国防事业。能摆正集体与个人的利益关系。

(2) 学习认真,训练刻苦,考核成绩优秀。

(3) 集体荣誉感强,积极参加各类集体活动。在军事课目动作或学校组织活动中,能起到示范榜样作用。

(4) 乐于助人,积极协助教官、指导员做好协调配合工作,起到带头作用。

二、军事训练标兵评比条件

(1) 军训态度端正,能认真执行营地的各项规章制度,热心参加集体的各项活动。

(2) 军训中能严格按军训领导小组提出的要求严格要求自己,尊重领导,尊重教官,团结同学,虚心好学,敢于吃苦,勇于进取。

(3) 体会动作认真,反应速度快,并能在课余时间主动帮助其他同学一同搞好训练。

(4) 训练中无请假、旷课、迟到、早退等现象,在同学中有较高威信,受到军训教官的好评。

(5) 平时成绩和最后考核成绩达到优秀者。

三、内务卫生标兵及内务卫生标兵宿舍评比条件

内务卫生标兵评比是在具备文明宿舍的条件下产生的:

(1) 宿舍人员在学习、生活、思想上应互帮互爱、互促互进,宿舍成员无考试作弊现象。本学年考试课平均成绩在70分以上,考察课成绩在良好以上。

(2) 遵守纪律,爱护宿舍设备,无私接电源及酗酒、斗殴、赌博、砸瓶子起哄、私自留宿校外人员等违纪现象,宿舍人员无纪律处分。

(3) 无乱泼污水、乱倒垃圾及随地泼洒饭菜等不良现象。宿舍卫生状况经常保持良好。

(4) "宿舍文化"建设正确有力,积极开展健康有益、丰富多采的宿舍集体活动,维护宿舍集体荣誉。

(5) 积极参加体育锻炼,宿舍成员早操出勤率在95%以上。

(6) 能严格按宿舍物品摆放的有关条例搞好宿舍卫生。宿舍卫生在检查评比中受到三次以上表扬。

(7) 具备以上六项标准的宿舍,可评为"内务卫生标兵宿舍"。具备以上六项标准的宿舍成员均可评为"内务卫生标兵"。

四、作风纪律标兵评比条件

(1) 组织纪律观念强,自觉遵守各项规章制度,无违纪行为;
(2) 熟练军训中的有关规定,不迟到,不早退;
(3) 一切行动听指挥,令行禁止,雷厉风行;
(4) 服从管理,尊重教官、老师,团结同学,举止文明;
(5) 量化管理成绩优秀。

五、队列训练标兵评比条件

(1) 队列训练认真、刻苦,队列动作准确、规范,会组织指挥、会示范、会纠正动作;
(2) 熟悉队列条令有关内容;
(3) 有良好的军人姿态,日常生活表现较好;
(4) 队列考核成绩优秀、量化管理成绩突出。

六、先进连队评比细则

1. 平时表现(10%)

平时表现包括:集会纪律;集会速度快慢;语言举止文明;尊敬老师和教官;训练态度等。

第四章 军训中的文体活动

2. 队列考核(40%)

军事技能训练即将结束时各中队进行队列考核,考核项目包括军训期间所学的队列动作,具体考核方式及评比规则按训练大纲规定。

3. 宣传报道(10%)

宣传报道得分×10%为该中队此项得分。以各中队上报的材料为准。各班材料主要包括学生的军训体会、班级突出事迹等。

4. 内务检查(40%)

评比细则见《学生军训内务卫生评比细则》,内务检查得分×40%为该中队此项得分。

依据上述方式将各中队进行评比打分,优秀中队占到总数25%～30%,具体情况由各教官、学生处依实际情况协商决定。

注:凡在纪律督察期间有不良纪录的中队,取消其评选资格。

军语点击

军功章: 军功章是专门奖励在军队作战、训练、执勤、科研等军队建设中,作出突出成绩的立功人员的奖章。各国军队大都对军队立功人员设立授予军功章的制度。中国人民解放军建军以来,重视开展立功授奖工作,逐步建立和完善了立功授奖制度。1963年9月解放军总政治部颁发的《中国人民解放军战时立功条例(草案)》和1984年中华人民共和国中央军事委员会颁发的《中国人民解放军纪律条令》等军事法规中,都规定了立功的原则、等级、标准、批准权限、评定方法和奖励方法等。中国人民解放军军功章分为:一等、二等、三等,每年评定一次,通常由群众评议,党委(支部)和领导机关审查批准,必要时可由领导机关评定。评定后,庆功报喜,授奖,并授予军功章。

第五节 联谊活动

轻松快乐的联谊晚会不仅可以缓解大家训练的疲劳、增进彼此间的了解和友谊,更为军训生活增添了一抹亮丽的色彩!

军训时间很短,联谊活动应当尽早准备,各个连队的老师和教官应利用平日训练的闲暇时间充分提前了解所在连队里同学们的特长和爱好,让同学们有充分展示自我的机会。

一、联谊节目要求

(1) 数量要求。每个连队至少组织两个节目,多者不限(供参考和筛选)。

(2) 形式要求。表演形式力求多样化(如独唱、小合唱、对唱、戏曲、舞蹈、相声、小品、朗诵、器乐表演等),要体现群体的参与性。在确保各连队两个节目的基础上,提倡各连同学之间进行合作表演。

(3) 质量要求。以军训生活为主题,本着"求新、求变、求精"的原则,确保节目内容多样化,编排形式个性化。

节目如果需要伴奏、CD碟及其他相关道具请说明。

二、联谊会之前的安排

第一天,通知各连队自选节目。

第二天,节目上报和统计,打印节目单(开始酌情给予演员排练时间)。

第三天,道具准备(小礼品、矿泉水等),选择主持人,节目基本到位。

第四天,进行彩排。

第五天,现场布置,正式演出。

(1) 会场悬挂横幅、彩带、汽球等。

(2) 提前调试好灯光、音响等设备,准备好卡拉OK、舞曲光碟及其他用品。

(3) 安排划分活动场地,摆放座位。

三、联谊会的筹备工作负责人

晚会筹备工作负责人包括:筹备小组,节目策划组,后勤人员(包括服装、化妆)等。

具体组织安排如下。

1. 选择主持人

先由学生自我推荐后,再由晚会筹备组全体成员共同决定,择优选拔气质好,表达能力、组织能力、应变能力和责任心强的同学。主持人数量在4个以下,组成风格和组成方式不限。主持人台词必须在晚会前经过晚会策划组的审查。

2. 现场布置

晚会的后勤保障工作很重要,会场服务人员必须保障好晚会的小礼品发放(如果需要的话),获奖名单记录,道具布置等相关的服务工作。

3. 节目编排

负责联欢晚会的节目编排,并要保证节目的高质量。每个节目要在第三天前报到晚会节目策划组。

四、联谊晚会的具体安排及程序

(1) 拉歌。

(2) 介绍到会的嘉宾,致开场辞,宣布活动内容,领导发言,活动开始。颁奖、娱乐游戏、抽奖、卡拉OK、个人才艺展现、自由交流至晚会活动结束。

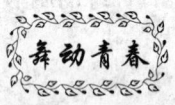

寻 找 快 乐

一群年轻人到处寻找快乐,却遇到许多烦恼、忧愁和痛苦。

他们向苏格拉底请教,快乐到底在哪里?

苏格拉底说:"你们还是先帮我造一条船吧!"

这帮年轻人暂时把寻找快乐的事儿放到一边,找来造船的工具,用了七七四十九天,锯倒了一棵又高又大的树,挖空树心,造出一条独木船。

独木船下水了,他们把苏格拉底请上船,一边合力荡桨,一边齐声唱起歌来。

苏格拉底问:"孩子们,你们快乐吗?"

他们齐声回答道:"快乐极了!"

苏格拉底道:"快乐就是这样,它往往在你为着一个明确的目的忙得无暇顾及其他的时候突然来访。"

快乐在生活中的每一件小事中隐藏,认真投入地去做事,它就会来找你。

启示:在哪里寻找快乐?

快乐在生活中的每一件小事中隐藏,认真投入地去做事,它就会来找你。

认真地做事,快乐地生活,不论你的成就高低,你都值得他人骄傲。

学会用微笑面对苦难!学会荣辱不惊,从容豁达!你将会是一个永远快乐和幸福的人!

国王的皮鞋

1. 早期没有鞋子穿,人们走在路上,都得忍受碎石扎脚的痛苦。

2. 某一个国家,有一个臣子把国王的所有房间全铺上了牛皮,当国王踏在牛皮上时,感觉双脚非常地舒服。

3. 于是,国王下令全国各地的马路上皆须铺上牛皮,好让自己走到哪里,都会感觉舒服。

4. 另一个大臣建议:不需要如此大费周折,只要用牛皮将国王的脚包起来,再拴上一条绳子就可以了。

5. 于是,无论国王走到哪里都感觉舒服。

启示:虽然周围的环境并没有改变,但如果自己改变了,就可以胜过一切不顺心的遭遇。我们不能期望一个友善易处的同事、一个和和气气的上司、一个得来全不费工夫的工作,也不能期待周围的一切都尽如我意,但是当自己的心态调整好了,事事都会变得顺眼多了。

心灵鸡汤

责任心是金,责任心与自尊心、自信心、事业心、慈悲心、怜悯心、同情心、进取心、雄心、恒心、孝心、关心、善心等"群心"相比,是其中最灿烂的一颗心,其他的"心"即使弱一点,有了责任心,也能弥补人很多的弱点。

第五章 军训的收获

第一节 军训日记

军训日记摘选

8月25日　星期日　晴

进入×中第二天,早就有所耳闻的的军训便开始了。

开始还觉得穿上帅气的军装,还将拥有军人挺拔的身姿,那多威风呀,可没过多久,我那一身的臭汗和又麻又酸的胳膊和腿,还有教官严厉的要求,我厌倦了!烦躁了!我不想干下去了。一直娇生惯养的我,哪儿受过这种苦呀!呜呜……我想妈妈。

不过,看同学们都在坚持,我想我也能,坚持就是胜利。

终于,下午我觉得适应过来了,军训虽累,但也有休息的时间,大家在一起有说有笑,还一起唱歌,有苦也有乐。

8月26日　星期一　晴

今天是军训的第二天。

我们班的正步走的不是很好,×班的同学嘲笑我们,于是,我们不约而同地努力,我们相信只要团结没有做不好的事,我们终于走齐了。

团结就是力量,团结协作的×中精神,合作进取的校风,短短的几天,就展现得那么生动。

8月27日　星期二　晴

今天早晨的跑操,给我特别深刻的感受,因为它告诉了我两个字——竞争。

军训了两天的我们已是疲惫不堪,全身上下没有不疼的地方,跑操开始了,体委的口号很嘹亮,但同学们响应得却有气无力,可在这个时候对面来了一个班,口号特别响亮,我们再累也是不服输的,大家不约而同的都精神了起来,盖过了那个班的声音。

这就是无形中的竞争吧,"顽强拼搏,强力争先"的×中精神。我将在这样一个竞争的环境中生活三年,我将成为适应新世纪的一代。

8月28日　星期三　晴

今天劳累的军训结束以后,老师组织我们去参观×中的图书馆、科教馆、天文馆。我才知道×中真是"藏龙卧虎"呀!

校展室里"×××文明单位""全国××××奖""××××××高中"……几十个荣誉称号,真让我震撼,×中"风云人物"的照片、书画展、校庆展,更是让我看花了眼,这是经过×中人的不懈追求,取得的辉煌。×中我为你骄傲。

我们作为×中的新一届学生,振兴×中的担子将落到我们身上,我们决不能放松,要比我们的师兄们做更好,任重而道远呀!

8月29日　星期四　晴

军训紧张地进行着,有些同学终于坚持不下去了,"光荣"地倒下了,可是他们休息一会

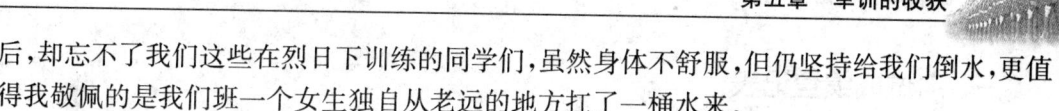

后,却忘不了我们这些在烈日下训练的同学们,虽然身体不舒服,但仍坚持给我们倒水,更值得我敬佩的是我们班一个女生独自从老远的地方扛了一桶水来。

或许这就是奉献吧。我们每一个×中人都应学会奉献。

我生活在充满奉献的学校里,多美好呀!

8月30日　星期五　晴

军训终于让我也坚持不住了,我咳嗽起来,可能是感冒了,于是吃了两片感冒药,有些昏昏沉沉的感觉,我终于喊了一声"报告",教官同意让我在一旁休息。

哎,我真得很难受,无法形容,我想妈妈了,想妈妈给我喂饭喂药,想妈妈无言中的关心。

过了一会儿,同学们都休息了,他们都过来问候我,"没事吧?""吃药了吗?""多喝点水!"我好幸福哦!

友爱,它使我们的大家庭变得更温暖。

8月31日　星期六　晴

今天是军训的最后一天,我们参加了阅兵式,我们班取得了分列式第三名的好成绩。

成绩虽小,但这是我们大家顽强拼搏、强力争先、团结友爱的结果,拼搏本身就是一种胜利,军训带给我们的不仅仅是正步、齐步走的姿势动作,更重要的是磨练我们的毅力,增强班级的凝聚力,带给我们战胜困难的勇气。

有人说军训一周受益三年,我看不对,应当说是军训一周,受益一生。

军语点击

查铺查哨： 军官在夜间检查士兵睡眠和哨兵执勤情况的例行性行政管理活动。

第二节　学科训练成绩表

军训是学校教育的一项重要内容,结合学校实际,对学生军训考核办法如下

一、考核办法和要求

1. 全体参训学生必须参加考核。
2. 考核由连长和指导员共同负责实施。
3. 操课纪律、请销假制度、军容风纪、内务卫生、吃苦精神、集体观念等方面综合进行。
4. 成绩评定分优秀、良好、合格和不合格四等。
5. 未参加军训和考核不合格者,参加下一年度军训和考核。
6. 考核在训练过程中实施,于军训日程结束前2日考核完毕。
7. 考核成绩于考核完毕当日以军训团为单位收集上报学生处。

二、成绩登记注意事项

1. 成绩登记表为空白表格,各连以班级为单位,每班级一份表格,选派专人填写。
2. 用碳素或蓝黑墨水笔填写学生姓名、学号(按顺序从小到大依次排列),要字迹工整清楚。

三、考试成绩登记表

表1　军事技能个人成绩总评统计表

_____营_____连_____排　排长签字：_____

序号	学号	姓名	条令教育与训练50分	轻武器射击20分	战术10分	军事地形学10分	综合训练10分	总分	备注
1									
2									
3									
4									
5									
6									
7									
8									
9									
10									

连长签字：　　　　　　　　指导员签字：　　　　　　　　日期：

表2　军训条令教育与训练成绩表

_____营_____连_____排　排长签字：_____

序号	学号	姓名	平时成绩25分	考核成绩25分						总分	备注
				精神面貌5分	立正稍息3分	停止间转法3分	敬礼2分	起步5分	跑步2分		
1											
2											
3											
4											
5											
6											
7											
8											
9											
10											

连长签字：　　　　　　　　指导员签字：　　　　　　　　日期：

第五章 军训的收获

表3 轻武器射击训练考核成绩表

_____营_____连_____排　排长签字：_____

序号	学号	姓名	平时成绩10分	考核成绩10分					总分	备注
				10环	9环	8环	7环	6环	环数		
1											
2											
3											
4											
5											
6											
7											
8											
9											
连长签字：			指导员签字：					日期：			

表4 军训战术训练考核成绩表

_____营_____连_____排　排长签字：_____

序号	学号	姓名	平时成绩5分	考核成绩5分			总分	备注
				持枪1分	卧倒2分	匍匐、屈身前进2分		
1								
2								
3								
4								
5								
6								
7								
8								
9								
10								
连长签字：			指导员签字：				日期：	

表5　军事地形学考核成绩表

_____营_____连_____排　　排长签字：_____

序号	学号	姓名	平时上课成绩5分	考核成绩5分		总分	备注
				识图3分	用图2分		
1							
2							
3							
4							
5							
6							
7							
8							
9							
10							
连长签字：			指导员签字：			日期：	

表6　军训综合训练考核成绩表

_____营_____连_____排　　排长签字：_____

序号	学号	姓名	了解行军基本程序2分	了解宿营的方法2分	完成行军拉练6分	总分	备注
1							
2							
3							
4							
5							
6							
7							
8							
9							
10							
连长签字：			指导员签字：			日期：	

第五章　军训的收获

第三节　军训总结

军训总结摘选

（一）那激情燃烧的日子——军训后感言

八月末的骄阳还未退去，暑假便早早地就此告别，而迎来的却是一场期盼已久的军训。

穿上那套迷彩的军装，让人不禁有一种做军人的自豪。难怪人们称他们为红旗下最可爱的人。

我们××连的连长是一位脸蛋圆圆的可爱教官。教官仿佛天生就有当领导的架势。每天军训都会给我们开个思想大会。对我们××连的男生，他总是特别关照，尽心训练他们，惹得我们女生暗地里嫌他偏心。

第一天的训练从上午正式开始。天空骄阳似火，万里无云，可却丝毫不影响我们青春的热情！我们头顶着火辣的太阳，在无荫的运动场上站军姿。汗水不时从脸颊两旁滑落，滴落在地，滋润着大地。身上的衣衫被浸湿了，但仍熄不灭我们继续军训的决心！

每天训练的内容无非就是立正，稍息，起步，跑步，正步走。这些简单的队列练习，时间长了，不免有些枯燥乏味。

记得训练中最让人兴奋的事就要属休息时连队间的相互拉歌了。起初是我们一帮子的女生拉教官唱歌，结果是精明的教官引发了一场我们连队男女之间的"对决"。男生一边，女生一边，"一，二，三，四，五，我们等得好辛苦！一，二，三，四，五，六，七，我们等得好着急！……"拉歌的口号一阵又一阵。

最终"巾帼英雄们"还是凭着多数的优势取胜。

"内战"的目的当然是为了"挑衅"其他的连队。于是，男女合并，坐成方队。一起喊着教官教我们的口号，使劲鼓着教官精心指导训练的掌声，隔着数十米的距离，与××连的男生拉起歌来。或许就像教官说的那样，我们未必有把握赢××连，可我们的气势却不能输。事实证明我们的确很强，不但拉来了××连的，就连其他的××连女生，××连和××连的都一同参与了拉歌。嘹亮的口号声回荡在运动场的上空，如歌的日子深深地嵌入我们的心头，久久挥之不去。那是我们青春的见证！

军训终于到了最后的大阅兵。天空虽然阴沉，却掩盖不住运动场上青春焕发的神采军姿。随着音乐的响起，踏着铿锵有力的正步，喊着嘹亮的口号，一个个整齐的方队精神抖擞地从主席台前走过，那气势，那排场真是壮观。军训的努力没有白费，军训的辛苦没有白挨，汗水终于换来了丰硕的成果。

就在大阅兵的仪式进行了一半时，天公又给了我们一次风雨的考验。一场大雨顷刻即至。穿着军装的我们在雨中昂首挺立。战术的演习仍然进行，我们完全融入了军人的角色。

短暂的军训已悄然落幕。其中的甘苦只有每一个经历过的人才能深刻体会到。

有位作家曾说过：人生下来不是来享受的，而是来吃苦的。正如风卷浪骇的大海，一旦失去了惊涛，就变得死寂沉沉而不堪入目。然而青春盎然的我们有着出生牛犊不怕虎的气概，我们敢说我们是来享受的。于苦寂之中生发领悟，于领悟之中生发喜悦，于喜悦之中咀嚼甜美芬芳。这正是军训的享受，一种至善至美的享受。

103

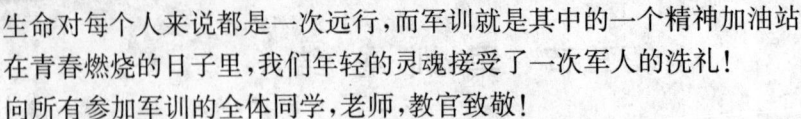

生命对每个人来说都是一次远行,而军训就是其中的一个精神加油站。

在青春燃烧的日子里,我们年轻的灵魂接受了一次军人的洗礼!

向所有参加军训的全体同学,老师,教官致敬!

(二)军训感想一

"军训"这两个字听起来很严肃,庄重。但是在我的体会中感触很深,也可以归为:

     昨日之苦战

     今日之劳累

     明日之辉煌

     人生之精彩

     军训之回忆

在这××天的军训期间,我痛苦过,悲伤过,快乐过,开心过……。经过这次军训,我颇感受益,从中学到许多东西,受到许多启示,正所谓:"天将降大任于斯人也,必先苦其心志,劳其筋骨,饿其体肤,空乏其身,行拂乱其所为,所以动心忍性,增益其所不能"。

刚刚开始军训的第一天起我很紧张,因为这次军训是我有生以来的第一次军训,所以对一些规矩还不太懂。最令我记忆深刻的就是军训的第一天早上站军姿,半小时我忍受过去了,但半小时以后我感觉我腿在发软,四肢无力,感觉快坚持不住了。于是我想打报告出列,但在我们的方阵里有八十多人,并没有一人打报告出列。心想:难道只有我一个人坚持不住吗?难道我就要当这第一个退出的人吗?不,我一定要坚持,于是,咬紧牙关坚持到了最后。我听到了教官的声音:原地活动一下,我那时才平静了点,开始习惯了军训的生活。

接下来的又是训练一些基本常识,从那以后我懂得了军训中的规矩,同时也学会了一些军歌和两套拳法。这样日子一天天的过去了,每日的训练都让我刻骨铭心,这次军训,让我体会到了人民军队勇敢顽强、吃苦耐劳、雷厉风行、整齐划一的作风,令行禁止、步调一致的组织纪律的深刻含义。

最后我要说的是:劳累而美好的军训,再见了。

最后我还要谢谢我的教官与老师,我要说你们辛苦了。

(三)军训感想二

进入高中,同学们的生活揭开了新的一页,开始了新的篇章。高中是新的知识的殿堂。这里有学识渊博的教师、丰富的学习资料、浓厚的学习气氛和美好的校园环境。同学们入学后要学会的第一件事是学会学习。学会了学习,那就等于掌握了"点金术"。为此,同学们要掌握科学的学习方法,培养自我学习的能力,还要积极调整学习的心理,学会终身学习。第二件事是要学会生活,要有健康文明的生活习惯,健康有益的娱乐活动,学会理智地驾驭生活,养成文明、良好的集体生活习惯。第三件事是学会做人,关心集体,关爱他人,团结同学,尊敬师长。要学会独立思考,切勿盲目从众。今天的高一新生,多为独生子女,心理优越感强,但自理、自立和自制能力较差。需要确立远大的理想和近期的学习目标,并为这个目标而努力,做到天天有进步,年年有提高。要融入学校这个大集体之中,热爱校园生活,维护学校荣誉,为学校的发展做出自己的贡献,使自己通过三年的学习,成为一个有用的人才,担负起推动国家发展的使命。

(1)尊敬教官,服从命令,严格要求自己,真正做到令行禁止。教官们虽没教给我们丰富的知识,也没传授什么宝贵的经验,但他们却让我们得到了人间最有价值的精神,磨练了

我们的意志,培养了我们吃苦的精神,加强了我们的组织纪律性,这比我们学到任何书本知识都更值得铭记于心。

(2)同学们端正思想,认真对待,充分认识军训活动的重要意义,用高标准衡量自己,用严要求规范自己,决不能存在拖沓懒散、凑和应付的思想。

(3)同学们学习和发扬武警官兵的顽强拼搏的精神和毅力,不怕艰苦,克服困难,善始善终圆满地完成军训任务。一张张精神饱满的脸,一声声洪亮的口号,一个个整齐有力的动作都是军训的成果。

(4)明确了纪律观念,严格按照军训作息时间训练,有事请假,不迟到、不早退。

(5)做到了团结友爱,相互帮助,相互督促,共同提高。不能对同学的困难漠不关心,不因琐碎小事而产生矛盾。

(6)我们的口号是:"流血流汗不流泪,掉皮掉肉不掉队!"

(7)我们的目标是:通过军训,磨练自己的意志,强化自己的组织纪律性,形成良好的班风,形成团结向上的竞争意识,为即将开始的高中生活打下坚实的基础,书写灿烂动人的第一乐章!

(四)《昨天·今天》——军训感言

昨天中午,我被午饭的香味唤醒。

今天清晨,我被军训的哨声催醒,踏上了军训的操场。

昨日,我在空调房中,欣赏着电视精彩的画面、悦耳的音乐。

今天,我在烈日底下,忍受着军训痛苦的煎熬,无奈的折磨。

昨日,我在天堂;今天,我坠入了地狱。

天堂的日子,无忧无虑,舒适宜人,而今天……

周围的一切都仿佛成了蜡像,一动不动,只有那流动的汗水告诉我生命的存在。阳光毫不留情,每时每刻都将自己惊人的力量展示在我们面前,又长又厚的军服为我们挡住了它的强光,却接纳了它的高温。我仿佛觉得,自己被放入了蒸炉,忍耐着强烈的折磨。我一动不动,两眼平视前方,突然惊奇的发现,树叶似乎在冒烟。我估计此时水龙头中自来水的温度,应该可以泡面了吧!

全身将近一百斤的重量全都集中在脚后跟上,仿佛光着脚顶千斤重,那种痛实在难以言传。头上的汗透过头发,顺着脸颊流下,再到脖子,然后被衣领吸收。全身经过汗水洗礼,散发着难闻的异味。汗水和灰尘和在一起,入侵着身体的每一个细胞。地面像烤过似的,灼热透过薄薄的鞋底,烫着脚底,想跺起脚,却不敢一动。

"你!出列,做五十个俯卧撑!"我被教官惊天地、泣鬼神的吼声吓了一跳。只见一个身影走到前面,趴在地上。"谁让你动的?再有人动,就罚五十个俯卧撑。"又是那地动山摇的吼声。"报告!"有人忍不住了,出列休息。我看着诱人的树荫,也想喊出报告两字,但有一个声音对我说不能!绝对不能当逃兵!

不远处终于传来了解救的哨声,终于休息了,我瘫在地上,却又突然跳起——地面太热了。

军训,就是如此。

昨天我在街上悠闲地散步。

今天,我练枯燥的正步走。

昨天,我等待着家人叫我吃饭。

今天,我期待着立刻步入饭堂,却要走好正步。

昨日……

今天……

巨大的反差告诉我:痛苦是军训唯一的解释,只有经历过痛苦的炼狱,才可能体味到达天堂的幸福!

(五) 军训小结

前几天参加了军训活动,军训时总埋怨:时间仿佛"一日如十年";身体似乎经受着"钢铁是怎样炼成的"般折磨;教官又是"蓝色冰点"一样冷酷……可现在回想起×天的军训生活,觉得以前的种种苦恼是多么的幼稚。军训是对自我的一次洗礼,是我从少年迈向青年的转折,更是对自我的挑战!

挑战一:十几年来,从来没离开过父母这么久。一切都由父母安排。这次军训意味着我要学会集体生活、自我照顾。失去了父母的依靠,我变得处处不适应,特别挂蚊帐成了问题。当我从口袋中拿出蚊帐摊开,它就似一张"天罗地网"把我整个身子都罩住了。瞧瞧旁边那位,正拿着"网"睁大眼睛发呆,可能是在琢磨到底是用它打鱼呢,还是用来做窗帘。面对这可恶的蚊帐,我们两个"呆情男儿"面对面坐在地上研究对策(我们俩便是这样认识的)。不愧是高中学校的学子,我俩一讨论便出了成果。于是分头上床去挂蚊帐。忙活了好一阵子。下床一看。哇噻! 我们的蚊帐开口都向着墙,且有摇摇欲坠之势。不过还凑活着用吧。我几次都想打个电话回家宣泄一下,但几次拿起了听筒又放下了。我要学会自强,将来的路是由我自己闯的,父母只是帮我打下了基础。于是我开始学着做我几乎从不做的 House-work。做着做着,才发现原来母亲是那样辛苦,又是那样默默无闻。我由于偷懒,经常把一堆衣服扔进放洗衣粉的水里浸着。可母亲为了我不受洗衣粉的刺激,每天用肥皂手洗。儿女是船,父母是帆。我在此恳请各位子女们,多多关心父母,体谅他们。

挑战二:军训当然不能老呆在寝室里整理内务,总得出去训练吧。可老天爷整天瞅着我们眉开眼笑,害得我站不上十分钟便汗流浃背了。但问题不止这一个。头一天训练立正与稍息。上午还好,可到了下午,一上午的疲劳使得脚底一阵阵疼痛直往心底里钻,真不知那国旗班的同志是不是腿部神经麻木了,能站上数小时。最让人受不了的是太阳公公不停地幸灾乐祸地泼洒着"她"的温暖。蒸得我们体液犹如滔滔江水连绵不绝。头部的水汽足能形成一场比8月中旬还猛烈的"特大强降雨"。那教官还"冷酷到底"地规定没有命令不允许乱动……实在撑不住了,真想大声喊"报告"。但看看同样深受磨难的"战友"们。那声音又咽下去。同样是独生子女,同样的年龄。他们行,我也行! 任凭那烈日熏烤,脚底发痛,我一定要站好这高中第一班岗,坚实地踏出这关键一步! 就这样,无论训练多艰苦,我都时时勉励自己,终于圆满地完成了这"高中第一课"。

挑战三:还没军训,班主任老师委派我和另几名同学打扫卫生。我还要负责发放军服。一到家我便着手领军服的工作,这是高中第一次做工作,一定要认认真真完成。统计表格,操作步骤,就连当时用什么颜色的笔都想好了。本是满怀着信心去完成任务,无奈现场秩序太乱。个个都像领取救济品一样情绪高涨。你争我夺,喊"衣"声震天。原本准备的根本派不上用场。等大部分人疏散了后我才得以"救济"。可那时已近晚餐时间了,发衣服的大叔大婶们也饥肠辘辘了,急不可耐地挑了衣服予我。我也不好说什么,只得领衣而回。当分发

衣服时,才发现有许多尺寸不对。随后便能看见十来个大个男生拎着"M"或"S"的军服穿梭于过道之中。这次经历提醒了我:高中的工作可不同于小学、初中的。它不但需要你考虑得更仔细,而且必须得随机应变。如果当时机灵点插到前排去,可能结果会好点。这正应了社会上的一句话:"老实人"做不得。不过我想,等以后学习深入了,大家素质提高了,都是"老实人"了,就不会再有这类事发生了。

挑战四:都说集体的利益高于一切。我看此话在我们高一(×)班最适合了。起先大家训练还有些松松垮垮。但当大家得知军训最后将要进行会操并评选优秀集体时,个个显得精神抖擞。再苦再累的训练也硬撑着(原来国旗班的同志以集体为重)。我十分高兴我班这么有凝聚力。当时便想那奖状一定属于Class×,Senior×。会操了,当我们踏着整齐的步伐经过主席台时,我更坚定了我的想法。可世界并不公平,校长宣读完优秀集体名单时,我们个个叹了一口气。沉默……"××班耍'美人计'。昨天联欢会向教官送玫瑰!"不知哪位义愤填膺地叫了起来。要说评判不公我承认,但说为使"美人计"而抱不平的话我不赞成。她们能想到,为什么我们没想到呢?况且让我班的所谓MM去献花,非得让在场的人"希里哗啦轰"地个个撅倒。不过我相信我们是最强的!

现在回想那×天,就像流星一逝般过去了。苦累苦苦累累……我也分不清是苦是累了。其中,也许会像面包房的果酱面包一样,夹杂着丁点快乐。(如果你细细体味的话,可能是Much)走出校门,蓝天白云又变得精彩起来!还是记住这段美好的日子吧,仔细想想——它是金色的!

(六)军训有感

短短×天军训很快就要过去,我感受最深的是自己的身心好像得到了一次完全的洗礼。

我们每天的训练内容非常简单,不过是原地转法、跨立、立正之类的动作。但我却从中体会到很多有益的东西。就拿第一天的训练来说,每个动作看似简单,一开始我们却什么都做不好,非要在教官的反复督促下才能做出个型来。

最后几天,整体训练情况有所好转,加上老天帮忙,天气也比较凉爽,大家也渐渐地习惯了军训生活,齐步走、正步、跑步都有了很大进步。这些成绩的取得是大家共同努力的结果。首先是每个人端正了态度,能够认真投入进去,因而收到了良好的效果。由此我想到在日常工作和生活中,每个人在处理个人利益和集体利益时,一定要把集体利益放在首位,充分信任团队并能超越自己,才可能达到成功的彼岸。其次,这些进步和教官的辛勤指导是分不开的。一个人自身的素质固然重要,正确的指挥也是非常必要的,这就是指挥者的魅力所在。只有指挥到位,才可以事半功倍,否则就会事倍功半了。

尽管这军训只有短短的几天时间,我们却可以一改往日的慵懒,投入到紧张有序的训练中去,感受到超越自己的快乐。军训不仅培养了我们坚强的品格,也增强了我不断超越自我的勇气,使我们懂得了责任感的重要,更加强了我们的团队意识。我相信在以后的工作、生活、学习中不管从对待生活的态度上、意志力上,还是思维方式上,我们都将受益匪浅。

中外军事名著

《三十六计》是中国古代专讲军事谋略的兵书。分胜战计、敌战计、攻战计、混战计、并战计、败战计等六套计谋。

梦想的价值

有一个住在贫民区的一所破房子里的男孩。7个兄弟姐妹中,他特别瘦弱,时常感冒发烧。他似乎缺乏学习的天赋,学习成绩是7个孩子中最差的一个。有一天,他看到介绍有史以来最伟大的高尔夫球运动员尼克劳斯的电视节目,他的心一下子被打动了:"我也要像尼克劳斯一样,当一个伟大的职业高尔夫球运动员!"

他要求父亲给他买高尔夫球和球杆。父亲说:"孩子,我们家玩不起高尔夫球,那是富人们玩的。"他不依,吵着要。母亲抱着他,朝父亲说:我相信他,他一定会成为优秀的高尔夫球手。说完,母亲转过头来,柔声说:儿子,等你成为职业高尔夫球手后,就给妈妈买栋别墅,好吗?他睁大眼睛,朝母亲重重的点了点头。

父亲给他做了一个球杆,然后在家门口的空地上挖了几个洞。他每天都用捡来的球玩上一会儿。

升入中学后,他遇到了后来改变他一生的体育老师里奇·费尔曼。费尔曼发现了这个黑人少年的天赋,于是建议他到高尔夫球俱乐部去练球,并帮他支付了1/3的费用。仅仅3个月,他就成了奥兰多市少年高尔夫球的冠军。

高中毕业后,他幸运地被斯坦福大学录取了。暑假期间,他的一个要好的同学来他家玩,说他有个哥哥所在的旅游公司有一艘豪华游轮正在招服务生,薪水很高,每周有500美元,问他是否有意去应聘。他动心了:家里仍然贫穷,自己应像个男人一样养家了。

过了几天,里奇·费尔曼来到他家,他已经帮人他联系到了一家高尔夫球俱乐部,准备带他去扬名。小伙子不好意思地告诉老师,他打算去工作了。里奇·费尔曼沉吟半响,然后问他:我的孩子,你的梦想是什么?

他愣了一下,似乎有些措手不及。过了好一会,他才红着脸说:"当一个像尼克劳斯一样的高尔夫球运动员,挣很多钱,给母亲买一栋漂亮的别墅。"

里奇·费尔曼听完,对他说:"你现在就去工作,那么,你的梦想呢?不错,你马上就可以每周挣到500美元,很了不起,但是,你的梦想就只值每周500美元吗?"

18岁的他被老师的话震惊了,他呆呆地坐在屋子里,心里反复默念着老师的话。那个假期,他自觉地投入到了训练中。在当年的全美业余高尔夫球大奖赛上,他成为该项赛事最年轻的冠军。

3年后,他成了一名职业高尔夫球手。

他是迄今为止最伟大的高尔夫球运动员,他正创造着高尔夫球的神话:1999年,他成为世界排名第一的高尔夫球手;2002年,他成为自1972年尼克劳斯之后连续获得美国大量赛事和美国分开赛冠军的首位选手。从1996年出道至今,他总共获得了39个冠军。

如今,他以1亿美元的年收入成为世界上年收入最高的体育明星之一。

他前后给母亲买了6栋别墅,位于不同的地方。他就是"老虎"伍兹。

启示:一个人应该尽自己最大的努力,挖掘自己所有的潜力来实现自己的梦想。努力可能会失败,但放弃则意味着永远不可能成功。请试着像伍兹一样为了梦想奔跑,也许有一天,你也能为自己的母亲买6栋别墅。

因为有梦,我们执著

因为有梦,我们奋力拼搏

因为有梦,我们无悔青春这样走过……

心灵鸡汤

做一个自强者吧,无论在任何困难跟前都不要屈服;做一个自强者吧,正确地认识、估量自身的价值,不可以看轻自己;做一个自强者吧,自信而不自负,能用他人的长处不断充实自己;做一个自强者吧,始终以顽强的斗志生活着、奋斗着。

附 录

一、兵役常识

兵役制度是国家关于公民参加武装组织或在武装组织之外承担军事义务、接受军事训练的制度。主要包括：公民依照法律在军队中服役，在军队外服预备役，以及在校学生接受军事训练等规定。我国实行义务兵与志愿兵相结合、民兵与预备役相结合的兵役制度。

我国公民服役的形式分为现役和预备役两种。现役是指公民自入伍之日起至退伍之日止，在中国人民解放军和中国人民武装警察部队中所服的兵役。它包括士兵的现役和军官的现役。预备役是指公民在军外所服的兵役。它包括将公民编入民兵组织和进行预备役登记。

《兵役法》规定："每年12月31日以前年满18岁的男性公民，应当被征集服现役。根据军队需要，可以按照前款规定征集女性公民服现役。根据军队需要和自愿的原则，可以征集当年12月31日以前未满18岁的男女公民服现役。"

我国义务兵现役期限为2年，现役期满，根据部队的需要和本人自愿，经团以上单位批准，可选改为士官。士官实行分期服现役制度，其年限为：第一期、第二期各3年；第三期、第四期各4年；第五期5年；第六期9年以上。士官服现役一般不超过30年，最高年龄不超过55岁。

办理入伍手续：依照法律规定，履行兵役义务，须经县（市）级兵役机关批准。被批准服现役的应征公民，由县（市）兵役机关办理入伍手续，发给《应征公民入伍通知书》。凭入伍通知书，到户籍管理部门注销应征公民的户口。是党团员的到相关部门，开据组织介绍信，办理党团组织关系。

体检是征兵工作中非常重要的一个环节。所以，应征入伍的每一个公民都应当高度重视，并注意在体检前一天不要喝酒和进食油腻过大的食物，抽血前若干小时不应进食。同时，在体检前一天最好洗个澡，换一下内衣、袜子，理理发，剪剪指甲，以免因个人卫生不好而失分。

应征服现役的公民必须是：拥护党的路线、方针、政策，坚持四项基本原则，热爱中国共产党，热爱中华人民共和国，热爱人民军队，政治历史清楚，遵纪守法，品德优良，乐于奉献，全心全意为人民服务，决心为保卫祖国、保卫人民和平劳动而英勇奋斗的适龄青年。

征兵政治审查的内容主要包括：应征公民的年龄、户籍、职业、现实表现、宗教信仰、文化程度、家庭主要成员、主要社会关系的政治状况等。

二、军校指南

军队院校招生对象为士兵和普通中学毕业生。军队院校的招生原则：必须把政治合格放在首位，坚持德才兼备的选拔标准和全面衡量、择优录取、按需培训、训用一致的原则。

招收士兵学员，在逐级选拔的基础上，实行军事科目考核和全军统一的文化科目考试；

招收地方普通中学毕业生学员,从参加普通高(中)等学校招生考试的学生中优先录取。

报考军队院校的基本条件之一:政治条件。普通中学考生,必须符合征集公民服现役的政治条件。拥护党的路线、方针、政策,热爱祖国,立志献身国防事业,遵纪守法,思想品德优良。

报考军队院校的基本条件之二:学历条件。普通中学毕业生报考大学本科或者专科班的,应当具有高中毕业文化程度;报考中专班的应当具有初中文化程度。一般是应届毕业生。

报考军队院校的基本条件之三:年龄条件。普通高中毕业的考生,年龄应当在20岁以下;初中毕业的考生,年龄应当在16岁以下(均截止当年9月1日)。

报考军队院校的基本条件之四:身体及婚姻条件。身体健康,符合《中国人民解放军院校招收学员体格检查标准》。未婚。

对报考军队院校考生的体格检查的要求:考生的体格检查,按总部规定的军队院校招收学员体格检查标准执行,必须在大军区级单位招生办公室或者省军区(卫戍区、警备区)指定的医疗单位进行。

报考军队院校考生的录取:录取普通中学毕业生,由招生院校认真审查,严格把关,填发《录取通知书》和《普通中学毕业生入军队院校批准书》。